児童精神科医が
「子育てが不安なお母さん」
に伝えたい

子どもが本当に思っていること

神科医さわ

日本実業出版社

はじめに

子育ての悩みは十人十色です。

子どもが失敗しないように、常に子どもの前を歩いてしまう過保護なお母さん。

子育てに自信が持てず、子どもにどう接したらいいかわからずオドオドしてしまう心配性のお母さん。

いつまでも子どもを信じることができずに、横から口を出してしまう過干渉なお母さん。

不安だけど、だれにも相談することができずに、孤独に子育てをしているお母さん。

子どもがかわいいと思えずに、どう接したらいいかわからないお母さん……。

私はふだん、5歳以上の子どもから大人までを対象とした児童精神科・心療内科のクリニックの院長をしています。クリニックに来られるすべてのお母さんに共通するのは、「子どものことを必死で考えているお母さん」であるということ。

あなたも、「子どものために」と必死にがんばってこられたと思います。

しかし、**その関わり方がじつは親子関係を悪化させていたり、子どもの自信を失わせてしまったり、自立を遠ざけてしまっていることがあるのです。**

「子どものために」としていることで、知らず知らずのうちに親子関係が悪化していっているとしたら、そんな悲しいことはありません。

少しずつ積み重なった子どもへのまちがった関わり方によって、「生きている意味がない」「消えてしまいたい」とまで思う子どもたちが増加しています。

子育ての不安は「知って、気づく」ことでなくなる

もしも今、あなたが子育てが大変、つらいと感じていながらも、子どもと幸せにすごしたいと願うのであれば、勇気を出して最後まで読んでほしいのです。

なぜなら、この本は**「子どもの心の声がわかる本」**だから。

お母さんたちに、「子どもって、こんなふうに思っているんですよ」ということが伝わ

ることで、子どもとの関わり方が変わっていって、結果的に安心して子育てができるようになっていけるのです。

こういうことを話すと、「育て方をまちがってしまった」「もう取り返しがつかない」と、自分を責めるお母さんたちもいます。

しかし、この本に書いてあることを「知って、気づく」ということがポイントなのです。人は、知らないと不安になります。なんでも知って、気づくことで適切な対処法がわかるのです。

そして、もっと親が子どもに対して「どんなあなたでも大丈夫」という安心感を持てたら、「生きづらさ」を抱える子どもは減っていくと私は考えています。

不登校児を育てる1人の母として感じたこと

このようなことを書いていますが、じつは私も子育てに悩む母親の1人でもありました。

私は子どもの心をみる医師であると同時に、10歳と8歳の子どもを1人で育てています。しかも、長女は「発達障害」で「不登校」です。

まだまだ未熟な母親でもあり、正直、こんな私に本を書く資格があるのか悩みました。

ただ、こんな私だからこそ、机上の話のような子育て論でないものが書けると思い筆をとりました。恥ずかしい話もたくさん書いています。


私は、自分自身の子育てを通して感じたことがあります。

それは、「子どものことで必要以上に不安になるのはやめよう。子どもは、親に心配してもらいたいんじゃない。お母さんには、笑顔で幸せでいてほしいものなんだ」ということです。

完ぺきでなくていいんです

子どものことで悩んだときに、「どこまでが親であるあなたの問題で、どこからが子どもの問題なのか？」という視点で考えてみてください。「私の問題だ」と気づくこともあるでしょう。まず、そこを見極めることがとても大切です。

どこまでがお母さんの不安で、どこからが子どもの悩みや問題なのか、もしくは問題ではないのか。そういうことを常に客観的な視点で親子に問い続け、必要であれば治療介《かい》入《にゅう》をしていく。それが、児童精神科医としての私の役目なのです。


完ぺきでなくていい。

ときには不安になってもいい。

この本が、そうやって子どもも親も不完全さを受け入れて、親子がおだやかに生活することの助けになることを願っています。

この本を読み終わったときに、あなたの心が少しでも軽くなりますように。

精神科医さわ

児童精神科医が「子育てが不安なお母さん」に伝えたい　子どもが本当に思っていること　目次

第2章 子どもは怒らないでほしい

第3章 子どもは自立したい

子どもの心の声23

第4章 子どもは信じてほしい

第5章 子どもは見守っていてほしい

第6章 子どもは受け入れてほしい

カバーデザイン　井上新八
本文デザイン・DTP　荒井雅美（トモエキコウ）
カバーイラスト　小幡彩貴
構成　真田晴美
企画協力　ブックオリティ

第1章

子どもは安心したい

子どもの心の声 1

お母さん、なんでそんなにあせってるの？

つい横から口を出してしまう、待てないお母さん

「〇〇さん、最近、学校どうかなぁ？」

そう診察室で子どもに声をかけると、その子はちょっと困った顔をして固まってしまいました。

お母さんに連れられてクリニックにやって来た、不登校の中学3年生の女の子です。

その子は診察室に入って来たときから表情が硬く、明らかに緊張していました。

私が言葉をかけたあとも、その子は「こんなこと言ったら、お母さんは怒るかな？」というように、お母さんのほうをチラチラ見ては押し黙っています。

そのまま診察室に4秒か5秒の静寂《せいじゃく》が訪れ、その子が口を開きそうなそぶりを見せたそのとき、かぶせるようにお母さんが少し強めに言いました。

「学校にはもうしばらく行っていないわよね！」

もう少し待てばその子が自分で話すところだったのに、そうやって横から口を出してしまう親御さんは少なくありません。

私は診察室でお子さんに話をしたいときは、あえて親御さんには顔を向けず、その子だけに視線を合わせて話すようにしています。ちょっとわざとらしいくらいに。

「あなたの話を聞きたい」という思いをわかってもらいたいからです。

でも、まったく視線の合っていない親御さんのほうから答えが返ってくるのは、よくあることです。とくに過干渉な親御さんや心配性な親御さんの場合が多いです。

子どもが答えるのを待てないのです。

児童精神科医はどんなところをみているか

精神科の診察室に連れて来られたら、もちろんだれだって緊張するし、とくにはじめての診療のときは5秒や10秒、場合によっては30秒ほどの沈黙があることがあります。

精神科医として患者さんをみるうえでは、「沈黙《ちんもく》」というのは、じつはとても大事なものだと考えています。

その患者さんが頭の中で考えて言葉を発する時間にどれくらい要するかは、うつ病の診断でも大きなポイントになります。

そして、「私はあなたの答えをいつまでも待ちますよ、ここはあなたにとってあなたが主体的に発言できる安心で安全な場所なのですよ」というメッセージも沈黙に込めています。

そのため私は、沈黙している患者さんに困惑することはなく、診療時間が許すかぎり待ちます。

でも、その場にいる親御さんが沈黙に耐えきれなくなるのか、私を待たせて悪いと思うからか、すぐに「この子はこういう性格で、こんなことがあって」と話しはじめてしまうのです。

じつは、こうした親子の距離感も、私は興味深く観察しています。

恥ずかしくて自分がしゃべれないからお母さんにこしょこしょ話す子がいたり、親に対してイライラを感じている様子の子がいたり。

ただし、どれがいいとか悪いという話ではなくて、今後の診療の参考にするために、親と子の距離感や空気を観察してカルテに記録しているのです。

中には、あからさまに母親の態度におびえたり気をつかっている子もいます。

この中学3年生の女の子もそうでした。

親子の間に、なんとも言えないピリピリした緊張感があるのです。

なんと表現したらいいのか難しいのですが、そのお母さんはひと言で言うと、いかにも折り目正しいお母さん。

私までピッと背筋が伸びて、ドキドキして変な汗が出てきそうな感じです。

言葉づかいや態度は礼儀正しく笑顔もときおり見せるのに、どこか少し怖いと思ってしまう感じ。

私が感じる緊張感を、その子は家の中で毎日のように感じているのだとしたら……、あんまり心が休まる場所がなくてしんどいだろうなぁ、と思いました。

その子が家で安心してすごしている様子が、まったく想像できないのです。

子どもの心の声を聞くためには、まず「安心感」が必要

診療では患者さんである子どもの話をきちんと聞きたいので、親御さんにはいったん待合室で待ってもらって、お子さんと1対1で話をすることもあります。

のちにその子から聞いたところによると、お母さんは口では「別に学校に行かなくてもいい」と言いながら、その子が学校に行かないとものすごく不機嫌になってしまい、それがつらいのだそうです。

もちろん、患者さん親子の空気というのは数値で測れるようなものではありませんし、

だれもが同じような緊張感を感じとるわけでもありません。

精神科医であっても、私とは異なる感じ方をする人もいるかもしれません。

いずれにしても、子どもが常に緊張感や不安を感じていると、本来のその子らしさを出せず、学校生活や家庭生活にさまざまなゆがみが生まれてくるのです。

親の態度や声のかけ方、家庭の雰囲気というのは、親が思っている以上に子どもの精神状態に大きな影響をおよぼします。

こうした状況を放置していると、精神状態を悪化させたり、精神疾患《しっかん》を発症したりする原因になることもあるのです。

当然のことですが、児童精神科の診察室に子どもを連れて来られた親御さんに、「いつもニコニコ笑っていてください」なんて言うつもりはありません。

親御さんは、これまで子どもの抱える問題に悩み、苦しんできたはずです。

どうしたらいいかわからずあせっている。そんな思いを抱えて診察室に来られた親御さんの苦しい気持ちは、よくわかります。

でも、親御さんがあせり、苦しさを感じると、子どもはそれ以上にそれらを感じとるのです。

だからこそ、わかってほしい。親の与える安心感がどれだけ子どもに大きな影響を与えるのかということを。

児童精神科医
のつぶやき

家の中は、子どもが安心できる場所にしてあげて

子どもの心の声 2

お母さんが笑っていると、やっぱりうれしいな

母と子は表裏《ひょうり》一体《いったい》

私は、この本ではお母さんにフォーカスをあてて書いています。

なぜなら、父と母で子どもとの関わり方に大きな差があるからです。

一般的には、母親が子どもと接する時間のほうがはるかに長いだけでなく、関わりも深くなりますし、診察室に来る親子をみていても、母子というのは本当に表裏一体だと感じます。

お母さんの不安が強い場合は、子どもも不安が強くなりやすいですし、お母さんが過度に神経質な場合は、子どもも強迫症《きょうはく》に近い状態となり何度も同じ行動を繰り返してしまう

ようなこともあります。

反対に、おおらかなお母さんの場合は、一般的に不安症や強迫症の子どもが少ないと感じます。


こういうことを書くと、「子育てをするのはお母さんばかりではないはずだ」「なんでも母親のせいにするのか」とお叱りを受けてしまうかもしれません。

もちろん私も、ひと昔前よりも多くの男性が子育てに参加されていると感じています。

ただ、やはり母乳は母親しか出ないものであり、母子間の愛着形成（親や養育者との間にできる情緒《じょうちょ》的な結びつき）は父子の愛着形成と比較して深いものなのです。

ですから、お母さんがふだんどんな気持ちでどんなふうに子どもに接しているのかということは、子どもに大きく影響してくるのです。

もちろん、お父さんの暴力や暴言で苦しんでいる子もいますし、お父さんにお伝えしたいこともありますが、本書では、まずお母さんと子どもに向けて書くことにしました。


とくに、今は働いているお母さんが増えています。

仕事もしながら子育てをするのは、かなり大変なことです。

私も子どもを2人育てていて実感していますが、そもそも子育てって重労働です。

私も、子どもが小さいころの子育ては、研修医時代の救急当直をはじめ、これまでやってきたどんな仕事よりもきついと感じました。

また、自分の親や親せきなどからも「これをやらなくていいのか」「あれをしなくていいの？」と口うるさく言われて精神的にまいってしまうこともありますよね。

やらなくてはいけないことや人から批判されることが多いと、しんどくなって、つい笑顔を忘れがちになってしまうかもしれません。

そんなときも、親の心の持ちようが子どもの心にも大きな影響をおよぼすということを忘れないでほしいのです。

児童精神科医
のつぶやき
▼

安定した愛着形成によって、子どもは心が安定した大人に成長する

子どもの心の声 3

とりあえず「大丈夫」って言わないで

安易な「大丈夫！」は、子どもの不安を増強させるだけ

私たちは目の前の相手を励まそうとして「大丈夫」という言葉を使うことがあります。精神科医の立場から言わせていただくと、この「大丈夫」には少し注意が必要です。

とくに不安の強い子どもには、根拠や確証もなく、安易に「大丈夫」と言わないほうがいい場合もあります。

たとえば、「家に泥棒が入るかもしれない」といった不安を抱えて眠れなくなる子どももいます。

そういうとき、親はとりあえず目の前の子どもを安心させたくて、「大丈夫！　泥棒なんて来ないから」と言ったりすることがあると思います（でも、家に泥棒が入らない保証は100パーセントではありませんよね）。

子どもは「絶対に大丈夫って言えないのに、お母さんはなんで大丈夫なんて言うんだろう？」と、親の言っていることに矛盾《むじゅん》を感じてしまいます。

患者さんの中には、何度も手を洗っても自分の手が汚いのではないかと、過度に気になってしまう子もいます。

細菌やウイルスがつくことに強い恐怖や不安を感じて、何度も手を洗い続けるのです。中には、菌やウイルスが手についてそれが全身をめぐって死んでしまうという考えに支配され、日常生活が制限されてしまうことがあり、強迫症と診断します。

それなのに、まわりから「大丈夫だよ。菌なんてついてないから」と言われると、厳密には無菌状態にすることは難しいわけですから、その子は途方に暮れて、ますます不安が増強してしまうのです。

また、「そんなに洗わなくても大丈夫だよ」と言われた場合も、その子は手を洗うことによって菌への恐怖をやわらげようとしているので、自分の気持ちを理解してもらえないと感じて不安がより強くなってしまうこともあります。

あるいは、「さっき手を洗ったんだから、大丈夫でしょ」と言う親御さんもいます。でも、そう言われると、手を洗うことによって不安が一時的に減るという意識が強化されて、さらに手を洗う行為に執着《しゅうちゃく》するようになる子もいます。

実際には、手を洗ったからといって、すべての菌が取り除かれるわけではないし、なにかに触れれば、またなんらかの菌が手につくことになります。

テキトーに「大丈夫！」という言葉をかけると、その子の心に届かないどころか、よけい不安を強めてしまうこともあるのです。

だから、その子が「多少の菌はついているかもしれないけれど、手を何度も洗ってもきりがない。それで死ぬわけではない」ということを、不安だけれど手を洗わないという体験を繰り返すことで受け入れられるようにするのです。これは認知行動療法のひとつである「暴露《ばくろ》療法《りょうほう》」と言います。

「大丈夫」という声かけによって安心を与えるのではなく、本人自ら「大丈夫だ」と思えるような行動を応援してあげることが大切なのです。

そのため、「大丈夫だって。気にしすぎだよ」というように軽くあしらうのも、よくありません。

不安の強い子の中には、「明日、大地震が起こったらどうしよう……」とか「明日、地球が滅亡したらどうしよう……」などと不安の対象がどんどん広がっていって、不安で眠れなくなってしまうケースもあります。

そういう子に対して「大丈夫だよ、そんな大地震は起きないから」「地球が滅亡するわけがない」などと言うのは逆効果です。

そういうとき、私は診察室で「たしかに、大地震が起こる可能性はゼロではないよね」と認めたうえで、こんなふうに話しています。

「ただ、その確率は低いと思うし、大地震が起こったら、ちゃんとお母さんやお父さんが迎えに来てくれるって学校と決めてあるんだって。だから、そんなに心配しなくていいんだよ」

事実にもとづいていることなら「大丈夫」と言ってもいいのですが、大地震は起こらないなどと不確かなことを決めつけて、相手の不安を軽視してはいけないということです。

「どうしてほしいか」を子どもに聞いてみる

いずれにしても、子どもが不安を感じていたら、とりあえず「大丈夫！」と言わず、まずはその不安な気持ちに「不安なんだね」と寄り添ってあげてください。

もちろん、人それぞれ感じ方が違うので、たとえお母さんであっても、不安の強い子の気持ちを完全に理解することはできないかもしれません。

それでも、相手の不安を理解しようとする姿勢が大事なのです。

そして、「お母さんやお父さんになにかできることはある？」と、子どもにどうしてほしいかを聞いてみてください。

診療でも、「私はどうすればいいいんですか？」とよく親御さんから聞かれるのですが、「どうしてほしいのかを、まずお子さんに聞いてみてください」と答えています。

「あなたが不安なことに対して、お母さんになにかできることはある？」と聞いてみて、なにかやってほしいと言われたら、できることであればやってあげてください。

もし、子どもに「（やってほしいことは）なにもない」と言われたら、「じゃあ、お母さんは待っているから、もしなにか困ったことがあったらいつでも言ってね」とおだやかに見守りましょう。

親としてみれば、子どもが過剰に不安になっていると思えば、つい「大丈夫だよ！」と言ってしまいたくなりますが、そこはグッと我慢して「なにかあったら、支えるからね。お母さんがそばについているからね」というメッセージを丁寧に伝えましょう。

児童精神科医のつぶやき

不安の強い子には「不安なんだね」と寄り添う

子どもの心の声 4

さっきと言っていることがちがうんだけど

子どもに不信感を抱かせる親のダブルバインド

子どもは大人の嘘に敏感《びんかん》です。

たとえば、「わからないことがあったら、なんでもお母さんに聞いてね」と言われたのに、わからないことを聞いてみたら「そんなこともわからないの。自分で考えなさい！」と言われた、などもそうです。

「遊びに行く前に、さっさと宿題をやっちゃいなさい」と言われたから宿題を素早くやったのに、あとから「まちがいだらけじゃない！　適当にやるんじゃない！」と怒られた。

「怒らないから、正直に言ってごらん」と言われたから、友だちをたたいたことを正直に言ったら、ひどく怒られた。

これらは「ダブルバインド（二重拘束）」と言って、嘘をつくつもりはなくても、最初に伝えたメッセージと、最終的に子どもに対して行った言動の間に矛盾がある状態のことを指します。

多くの人が無意識のうちにやっていることですが、子どもはその矛盾を敏感に感じとるのです。

「早く宿題をしなさい」と「早くやったのに怒られた」という2つの矛盾した事象で拘束《こうそく》されると、子どもは混乱して「自分はなにをやってもダメなのか」と感じます。

最初に「早く宿題をしなさい」と言ったなら、子どもが早く宿題をすませたことを認める必要があります。

それを評価せずに別のものを求めれば、子どもは心理的に混乱し、親に対して不信感を抱き、また自信が育まれません。

「怒らないから、正直に言ってごらん」と言うなら、やはり怒ってはいけないし、正直に言ったことを認めるべきです。

そもそも、子どもに嘘をついてほしくないのなら、まずは「家ではなにを言っても大丈夫」と、子どもが安心できる場をつくることです。

また、体裁を気にして、矛盾した発言をしている人もいます。

ほかのお母さんたちがいる場では、「うちの子には○○中学なんて絶対に無理よ」と言っておきながら、家では「○○中学に行ったら、将来は安泰《あんたい》よ」と言って、子どもに勉強させる、などもそうです。

まわりの人たちからどう思われているかが気になり、思ってもいないことを外では言っている親御さんもいらっしゃるのではないでしょうか。

そのせいか、子どもに言っていることと、実際にやっていることの間に矛盾が出てくることもあります。

親自身には嘘をついている自覚がなくても、子どもが自分の期待したとおりの行動をしなければ結果的に怒るという手段をとってしまっている親御さんがいたら、一度、ご自身の言動に矛盾がないか振り返ってみてください。
子どもって意外とよく見て気づいてますよ。大人の本心に。

児童精神科医
のつぶやき

親の矛盾した声かけが、
子どもを混乱させる

子どもの心の声 5

こんなふうだから、友だちができないの？

親の「不安をあおる声かけ」が、子どもに悪影響をもたらす

子どもにとっては心から安心できる場があることが、なにより大切という話をしました。裏を返せば、親は不安で子どもをコントロールしないほうがいいということです。

よく親御さんが小さな子どもに言いますよね。

「悪い子は置いてくからね！」

「○○しないと、鬼が来るよ」

言うことをきかない子どもがいると「鬼さんから電話がくるよ！」と、鬼から電話がかかってくるアプリが登場したときは、私のまわりでも話題になりました。

実際には、「置いてくからね」と言っている親御さんが、子どもを本当に置いていくことは少ないでしょう。鬼なんて来るわけがないことを大人は知っています。

でも、感受性が強く、まだ無知な小さな子どもにはそれがわかりません。

そうした不安をあおる言葉で子どもの行動をコントロールしようとすると、知らず知らずのうちに子どもの心理的な負担が積み重なっていくのです。

また、子どもを不安や恐怖で縛るだけでは、「なぜ、それをするのがよくないのか？」という理由も子どもに伝わりません。

子どもがもう少し大きくなってからも、「嘘をつくと、警察に連れて行かれるよ」「そんなひどいことを言う子は、友だちがいなくなるよ」「勉強しないと、将来、成功できないよ」……などなど不安や恐怖をあおって、子どもの行動をコントロールしようとする親御さんは少なくありません。

たぶん自分たちもそのように言われて育ってきているので、とくに考えずに言っている親御さんが多いのかもしれません。

年齢が低ければ低いほど、子どもにとって親は絶対的な存在ですから、不安をあおる言葉によるコントロールは効果的です。しかし、不安でコントロールする行為を続けていると、長期的に見て不安の強い子どもになってしまう可能性があります。

「不安をあおる言葉」は、子どもの認知や行動に影響をおよぼす

親に長く不安をあおる声かけをされて育った人は、その影響が強くなりがちです。
たとえば、親に「○○だと、友だちがいなくなるよ」というなにげなく言われた言葉を忘れられない子どもは多いです。

一般的に思春期と言われる8、9歳から18歳ごろまでというのは、発達心理学的に「自分は社会の中でどんな存在なのか」とか「自分はほかの人からどう見られているのか」ということが気になってくる年代です。

他人の目が気になること自体は正常な発達過程で問題はないのですが、小さいころから「そんな性格だから、あなたには友だちができないのよ」などと言われながら育った人は、ことあるごとに「ああ、私がこんなだから友だちができないんだ……」とネガティブにとらえてしまう傾向があるのです。

「そんなんだと、ろくな大人になれないよ」などと言ってしまうことありませんか？

もともと内向的で人見知りしやすいとか、性格がおとなしいなど、友だちをつくるのが得意ではない人もいます。それぞれの性格や発達の特性によって、行動やコミュニケーション方法がちがってくるのは当然です。

実際、診察室に来るお子さんの中には、クラスでも少し孤立しているとか、自分の居場所を見つけにくいなど、コミュニケーションに自信を持てない子も少なくありません。

でも、今のクラスには友だちがいなくても、また今は自分のコミュニケーションに自信がなくても、ずっとそうとはかぎりません。

ただ、そんなふうにコミュニケーションに悩んでいる子が、親御さんからさらに追いつめられるような声をかけられていたら、やっぱり自分はダメな人間だと思い込んで、ますます人間関係が苦手になってしまいます。

親のなにげない不安をあおる子どもへの声かけが、その子のこの先の長い人生において悪影響をもたらすのです。

また、長く親に不安によってコントロールされてきた人は、自分に子どもができたときに、親と同じように不安によって子どもをコントロールする傾向があります。

こうしたなにげない不安をあおる声かけを子どもにしてしまう親御さんは、まず「子どもの不安をあおってコントロールしようとしていないかな」と自身に問いかけ、自分のやっていることに気づいてください。そうすることで日々の言動が変わっていき、その後の子どもとの関わり方も変わっていくのです。

これまで無意識にやってしまっていたと気づいて、不安になったお母さんもいらっしゃるかもしれませんが、大丈夫です。**気づくことが、まずなにより大切です。**

気づけば、人は行動を変えていけます。いつからでも子育てはやり直せますので、気づいた自分をほめてあげてくださいね。

児童精神科医
のつぶやき

不安で子どもをコントロールするのはやめましょう

子どもの心の声 6

もっと認めてほしい

あなたはあなたであることが素晴らしい

「頭のデキが悪いおまえは、生きてる価値がない」

私が精神科医になりたてのころに出会った20代の男性の患者さんは、そう父親に言われ続け、ずっと苦しんでいました。

両親とも公務員で、教育に力を入れている家庭で育ち、姉は第一志望の国立大学に合格。一方、すべり止めの私立大学にしか受からなかったその男性を、父親は小さなころからよくできる姉と比較して「おまえはなにをやらせてもダメだ」「できそこない」などの否定的な言葉で責め続けました。

父親は「こんなふうに育ったのは、おまえの責任だ」と妻のことも責め、息子だけでなく妻にも「家から出て行け」と言ったこともあったそうです。

「自分がなにをしたいのかよくわからない……」と話していたその男性は、仕事でのちょっとした失敗をきっかけに自ら死を選んでしまいました。

私にとって、つらく悲しい経験でした。どのような声かけや治療が彼を救えたのだろうと今でも振り返ることがよくあります。

国立大学であっても、私立大学であっても、大学に行っても行かなくても、人としての価値にはひとつも変わりがない。あなたはあなたであることが素晴らしいんだ。

そう認め合える家庭だったら、こうした悲劇は起こらなかったのではないかと思います。

また、お母さんやお父さんがいつもイライラしていて子どもに厳しく接している家庭で育った人の中には、大人になってからもずっと生きづらさを抱えている人も多いです。

さらに自分の存在そのものを認めてもらってこなかった人は、「偏差値の高い大学に入る」「有名企業に採用される」といった、目に見えるかたちでしか自分の価値を測れなくなることもあります。

そして、それが叶わなかったときや彼のようにちょっとした失敗をしたときに、再び立ち上がることが困難になってしまいます。

人間としての土台がつくられる幼少期から思春期ごろまでの子どものいる親御さんに知っておいてほしいことがあります。

なにより大事なのは、家庭の中が子どもにとって安心できる居場所であること。

親との関係に悩む子どもは、「自分はいてはいけない存在」と感じてしまうこともあります。

社会に出れば、それまで以上に困難にぶつかったり、評価されなかったりすることも出てくるでしょう。

そういうときに「安心」という根っこがないと、「やっぱり自分はダメな人間なんだ」と思ってしまうのです。

だからこそ、子どもを育てるうえでは安心感がもっとも大事だということを、いつも忘れないでください。

自分の言ったことを受け入れられて、自分の気持ちをわかってもらえて、安全が守られ、排除されず、たとえまちがっても許される場所。

子ども時代には、そんなふうに心から安心できる場所が必要なのです。

児童精神科医のつぶやき

とくに子ども時代は、家庭を心から安心できる居場所に

子どもの心の声 7

私のせいで、お父さんとお母さんはけんかしてるの？

不安の強い子の前では、小さな声でゆっくり話す

両親の不仲も、子どもの存在価値を揺るがしかねないものです。

もちろん、子ども自身が親に暴力を振るわれていれば、さまざまな心理的問題を抱える可能性が高くなりますが、どちらかの親が配偶者にＤＶ（ドメスティックバイオレンス）を行っている家庭でも、子どもの心にネガティブな影響をおよぼすことがあります。

家庭でＤＶが行われていると、子どもは根源的な不安を抱えることになり、正常な愛着形成ができないのです。

こうしたケースは「面前《めんぜん》ＤＶ」と言われ、心理的虐待《ぎゃくたい》のひとつとされています。

面前ＤＶには、親が子どもの前で配偶者に暴言を吐いたり、両親が怒鳴り合ったり、感情的になじり合ったりしているのを見ることもふくまれます。

そもそも子どもというのは、大人が怒っている姿や大きい声を出している姿を見ると、不安になるものです。

そして両親のけんかを見ている子どもは、本当はそんなことはなくても、「自分のせいで親たちがけんかしているのではないか」とか「自分さえいなかったら、両親は幸せなのかもしれない」などと無意識に思ってしまうのです。

実際、そんなふうに言いながら診察室で涙を流す子もいます。

さらに、「自分なんてこの世に存在してはいけない」とか「死にたい」などと言う子もいます。

このように、夫婦げんかの多い家庭で育つと、子どもの存在価値が揺るがされて、強い不安や虚無《きょむ》感、さらには希死念慮《きしねんりょ》（死にたいと思う気持ち）を持ってしまうことがあるのです。

でも、親だって完ぺきではありません。一緒に住んでいれば、夫婦げんかをすることもあるでしょう。ただ、夫婦間ではいろいろあったとしても、少なくとも子どもの前では声を荒らげないことが大切です。

人間は、感情的にイライラしてくるとどうしても声が大きくなり、早口でまくし立ててしまいがちですが、親がそのように怒りやストレスを感じている姿を見ることは、まだ親を失ったら生きていけない子どもにとって大きなストレスになるのです。

私の診察室には、不安の強いお子さんも多くやって来ます。

たとえば、そういう子の親御さんには、「家の中では人に聞こえるもっとも小さな声で、ゆっくりおだやかに話すようにしてください」と言っています。

不安の強い子どもがいる場では、日常的におだやかに話すことを心がけてください。

「たったそれだけで不安がなくなるの？」と思われるかもしれませんが、想像以上の効果があるのです。

お子さんがもしなにかに不安を感じていたり、もしくは漠然と不安を感じているときには、試してみてください。

子どもに、親が謝る姿や許す姿まで見せること

まず、けんかはしないほうがいいですし、けんかは子どもの見ていないところでするようにしたほうがいいでしょう。

イラッとして、ついパートナーに怒ってしまいそうになったとき、その姿を見せることは子どもの心に悪影響を与える、ということを思い出してください。

それでも、もし子どもの前で夫婦げんかをしてしまったら、そのあとに仲直りをした姿までを子どもに見せることが大切です。ただ感情的にけんかをして終わりではなくて、仲直りをして関係がもとに戻る姿や、お互いに謝る姿、許し合う姿を見せるのです。

それは、子どもが人間関係を学ぶうえでも、とても大切なことです。

児童精神科医
のつぶやき

▼

夫婦げんかをしたら、
仲直りまで子どもに見せましょう

子どもの
心の声 8

お母さんが苦しそうだと、私も苦しいよ

お母さん、あなたは1人じゃない

児童精神科医をしていて思うのは、診察室にお子さんを連れて来ない親御さんでも、なにも問題や悩みがないという人は少ないのではないかということです。

お子さんのことで、親や親せき、ママ友などまわりの人からいろいろ言われて、悩んだり迷ったりしているお母さんも多いと思います。

私がこの本を書いたのは、そういうお母さんたちに「そんなに苦しまなくてもいいんですよ」「あなたは1人じゃないんですよ」と伝えたかったからです。

そう言えば、以前こんなことがありました。

学校に行こうとしたらお腹が痛くなって学校に行けないという小学生の男の子のお母さんが、どうしたらいいかと悩んで診察室にいらっしゃいました。

「学校に行けないなら、今は無理して行かせなくてもいいんじゃないですか」

私は、その親子に寄り添うつもりでそう言ったのですが、言い方に配慮が足りなかったのかもしれません。

「先生に私の気持ちなんてわかるわけありません！　シングルマザーが、家に子どもを1人で置いてくってどういうことかわかってますか？　勝手なこと言わないでください！」

ものすごい剣幕で怒鳴られてしまいました。


本当は、私もシングルマザーで長女が不登校なので、そのお母さんと同じ状況です。きっと、そのお母さんは私が同じ状況だとは知らなかったのでしょう。

ただ、そのときは圧倒されてしまって自分も同じ状況であるという話もできませんでした。

必死になって子どものことを考えて苦しんでいるそのお母さんに、あのとき、どんな言葉をかけてあげられたら、そのお母さんは救われたのだろうと今でも考え、悔やんでいます。
子どもも苦しんでいるけれど、お母さんもとても苦しんでいるんだということを忘れてはならないと、学びを得た経験です。

私自身、長女が学校に行っていないことがまったく不安じゃないかと言えば、そんなことはありません。

ですが、自問自答しながら2、3年の年月をかけて、子どもが学校に行かない選択もあるということを少しずつ受け入れていきました。

その過程があったからこそ、「行かなくてもいいんじゃないですか」という言葉が出たのですが、過程までをきちんと伝えたほうがよかったのでしょう。

それ以来、診察室では自分自身の経験を話して、相手に寄り添う姿勢も必要ではないかと考えるようになりました。

「うちの子も不登校だから、気持ちはよくわかりますよ。私も最初は必死で無理やりにでも行かそうとしていましたから」

そんなふうに本当のところを話せば、「行かなくてもいい」という言葉の受け取り方も変わってくるはずです。

そして、シングルマザーが仕事も家庭も自分1人でやりくりしなければいけない苦労も、十分わかっています。

「1人でやっていくのって、ほんと大変ですよね。うちもそうです。だから、いろんな人に頼ってお願いしちゃうんですよ」

そんなふうに言えば、そのお母さんも少しは気持ちが楽になったかもしれません。

とにかくいろいろな言葉をかけながら、苦しんでいるそのお母さんに「あなたは1人じゃない」ということを伝えられたらよかったのですが。

そのようなこともあって、今では機会があれば、自分の話もしています。

児童精神科医のつぶやき

子育ては1人でがんばらずに、もっと頼っていいんです

子どもの心の声 9

そばにいてくれるだけでうれしいんだよ

黙ってそばにいるだけでも、人を癒すことはできる

私は精神科医としての経験を重ねるうち、黙ってそばにいてあげるだけで人を支えられることもあると感じるようになりました。

だれかが困っていたら、なにかいいアドバイスをしなきゃいけないと思うかもしれませんが、必ずしもそんなことはありません。

「なんて声をかけたらいいんだろう」「どれだけ苦しかったのだろう」と相手の苦しい気持ちを想像しながら相手の心に寄り添う言葉を探すことは容易ではないからこそ時間がかかるものです。

その沈黙の時間の長さだけ、相手に思いが伝わることもあります。

変にとりつくろう言葉をかけるより、沈黙を通して共感を伝えることも私たちはできるのです。

だから、私は診察室でうまく言葉が出てこないときは、その場しのぎの言葉をかけるのではなく、黙っている（相手の気持ちを想像して言葉を選んでいるのですけどね）ことも多いです。

お子さんにも正直に、「なんて声かけたらいいかわからないけど、すごくつらいんだね。言葉にするのも勇気がいったでしょう。教えてくれてありがとう」と言うこともあります。

私はその苦しみを経験したことがないから、本当の意味での共感はできないかもしれないけれども、あなたが今苦しんでいることについて一緒に考えていきたいし、どうしたら苦しみをやわらげることができるのかを、あなたがよければ一緒に考えさせてね、という姿勢を伝えるのです。

子どものことで悩んでいるお母さんたちに対しても同じです。

「子育て」についてはだれからも習わないため、漠然とした不安を抱えている人は多く、昔とちがってご近所同士の気軽なお付き合いもなくなって、孤独に子育てをしているお母さんも多いと感じます。

また、現代のような情報社会では情報が多すぎて振り回されてしまうこともあります。SNSで情報を求めれば、際限なくいろいろな情報が出てきます。

たくさんの情報に触れられるようになって楽になるかと言えばそうではなく、正解がわからず、不安を強めているお母さんも少なくありません。

お母さんが苦しそうにしていると、子どもも苦しいと感じるものです。

ですから、もしもつらかったらだれかに相談してほしいし、相談する人がいなければ、保健所や保健センター、心療内科やメンタルクリニック、地域の子育て支援センター、自治体の教育相談などもあります。

家族に言えないなら、第三者やほかの居場所に頼ってもらいたいし、親だけで子育てを完ぺきにしようとしなくていいのです。

親も子も、頼る先はたくさんあったほうがいいのです。

完ぺきな人なんていないから、苦しいときは「助けて」と言って

私にも、何人も母親代わりと思えるような存在がいます。中高生時代によくグチを聞いてくれた塾の事務のおばちゃん。大学時代に参加していたゴスペルグループのリーダー。大学時代に留学先で出会った日本人のおばちゃんもそうです。

苦しいときは「恥ずかしい」とか「人に迷惑をかける」なんて思わないで、だれかに打ち明けてみてください。

人に頼ることは恥ずかしいことでもなんでもありません。少しでも頼れる人がいるなら、ぜひ頼ってください。

あなたは、あなたの大切な人に「助けて」と言われたら迷惑だと感じますか？　頼りにしてもらえてうれしいと感じませんか。

あなたが思っている以上にあなたの「助けて」という言葉を待っている人はたくさんいるのです。

「人に迷惑をかけてはいけない」と教える親も多いですが、生きているかぎり、人に迷惑をかけることも、迷惑をかけられることもあります。

人に迷惑をかけてしまったら、今度はだれかを助けてあげればいいのです。

自分が苦しくなったら「こんなことで」と思わずに、勇気を持って「助けて」のサインを出してください。

リストカットなどの自傷《じしょう》行為を行う子どもたちのほとんどは、この「助けて」というサインが出せないのです。苦しいときに親がだれかに「助けて」と言えることは、のちに子どもがだれかに「助けて」と言えることにつながるのです。

親であっても、だれかに甘えたっていい。だれかに助けてもらったっていい。だって、完ぺきな人間なんているわけないんだから。

児童精神科医のつぶやき

苦しいときは1人で悩まず、「助けて」と言える勇気を

第2章

子どもは怒らないでほしい

子どもの心の声 10

そんなふうに、ため息つかないで

子どもは親の否定的な言動に敏感

親が否定的な言葉を使ったり、感情的に怒鳴ったりすることが、子どもにとってよくない影響を与えるのは、これまでお話ししてきましたが、親の表情やしぐさ、態度などに敏感に反応する子どもも少なくありません。

とくに小学校高学年から中学生というのは、自分がまわりからどう見られているかが気になってくる時期です。そのときに一番近くにいる親が自分のことをどう思っているのか、どう評価しているのかを気にして、親の一挙手一投足に敏感になっている子も多いです。

たとえば、親が自分を見て深くため息をついたり、しかめ面をしたり、無視をしたり、頭を抱えたりするたびに、自分の存在価値が揺らぐように感じてしまうのです。

とくにクリニックに来る子どもたちの中には、「こんな自分は親にあきれられているのかな……」と親からの評価を気にしている子もいます。

中には、母親にため息をつかれたり、あきれられたりするたびに、深く落ち込み、「見捨てられている気がする」と言う子もいます。

また、親がほかの子（やきょうだい）をほめただけで、「自分はダメなんだ」「自分はあの子（きょうだいや友だち）より劣っているのかな」と自信をなくしてしまう子もいます。

彼らの言葉を聞いていると、子どもというのは親の否定的なふるまいをこれほどまで敏感に感じとっているのかと気づかされます。

親に否定されることほど、子どもにとって悲しいことはないのです。

児童精神科医
のつぶやき

子どもは、親のちょっとした態度でも落ち込むことがある

子どもの心の声 11

私の気持ちも考えず無理やりさせないで

そもそも、親の思いどおりにはいかないものくらいに考えて

子どもの能力や学力を重視しがちな親御さんは、そればかり気にして子どもを追い込んでしまうことがあります。

子どもの成績や点数を見て、大げさにあきれてみせたり、子ども同士を比較したりして、意図的、あるいは無意識のうちに子どもをコントロールしている親もいます。

でも、そもそも親が子どもを自分の思いどおりに動かそうと思っても、そのとおりになるとはかぎりません。

もしかしたら、子育てというのは親がいくら努力しても思いどおりにならない、最たる

ものかもしれません。だからこそ、親も子どもも苦しくなってしまうのでしょう。

私にも、無意識のうちに子どもたちを自分の思いどおりにしようとしていた時期がありました。

長女は幼稚園の年長のころ、公文に通っていました。

計算が大好きだった長女は、算数の進度が早く、表彰を受けるほどでした。

教室の先生からも「年度末までにここまで進んだら、何か賞をもらえるよ」と言われ、私も必死になってプリントをやらせていました。

が、あるとき、長女はせき払いのようなチックをしはじめたことに気づきました（ここでチックについて誤解のないよう、もう少し詳しくお話ししますと、親の育て方が悪いから発症するというわけではなく、脳の異常で幼少期によく起こる疾患《しっかん》のひとつです。たいていの場合は自然治癒《ちゆ》しますが、過度なストレスを与えると悪化したり長引いたりするケースもあります）。

私は、とても反省しました。賞だとかトロフィーほしさにがんばらせすぎたなと。

そして、子どもがそもそも自分の思いどおりになると思うこと自体がまちがいだと気づいたら、子育てがずいぶんと楽になりました。

ですから、子どもが思うように動いてくれなくて苦しんでいる親御さんの話をうかがうたびに、相手が子どもであってもコントロールしないほうが、お互いに楽になることをお伝えしています。

人間関係はジャッジしないほうがうまくいく

そもそも、人間関係というのは、自分の思いどおりにコントロールしようとすればするほどうまくいかなくなります。

私も、診察室で患者さんの話を聞きながら「こうすればいいのに」と思ったとしても、それを相手に押しつけることはありません。

どこがつらいのか、なにが不安なのかをじっくり聞いたうえで、「たとえば、こうやって考えてみることもできるかもしれませんね。どう思いますか?」「それをしてみたら、どんな不安が出てきそうですか？」などと、少しずつ、少しずつ歩み寄っていくイメージで対話を重ねていきます。

患者さんは、大きな不安を抱えていて自分は前に進めないと思っていますから、そこを無理やり前に進ませようとすると、たとえそれが正論だったとしても患者さんの回復につながらないこともあるのです。

「その考えはまちがっている」とか「こちらのほうが正しい」とジャッジすることにも注意が必要です。

相手には、相手なりの考えや価値観があります。その価値観でこれまでやってきたし、これまで生きてきたのです。

それを他人が「正しい」「正しくない」とジャッジすることはできません。

親が子どもの考えや価値観をジャッジして、否定し、自分の思うように舵《かじ》取りしようとすると、子どもは不安定になったり、自信をなくしたり、心を閉ざしてしまう可能性があります。

親御さんは意識的でなくても、直接的に否定をしたつもりでなくても、比較や失望などの言動によって子どもをコントロールしていないか、それによって子どもの人生を舵取りしようとしていないかを、一度振り返ってみてください。

児童精神科医
のつぶやき

▼

無理に動かそうとすると、子どもは「自分で決める力」を身につけられません

子どもの心の声 12

怒らなくても伝わるから

否定から自信をなくし、人を信じられなくなる負の連鎖

「アダルトチルドレン」とは、「adult children of alcoholics」の略語で、もともとはアルコール依存症の親のもとで育った生きづらい方たちのことを指した言葉です。現在は、虐待やネグレクトなど、子どもが安心して暮らすことができなかった生活環境、つまり機能不全家族で育ち、生きることが苦しいと感じている人たちのことまでふくみ、言葉の意味が広がってきています。

「アダルトチルドレン」は医学的な診断名ではありませんが、実際に子ども時代の家庭環境の影響によって、大人になってからも、なにかに依存的であったり、自己のアイデンテ

ィティが不安定だったり、感情が不安定だったり、他人を信じられないなど、さまざまな苦しみを抱えている方を指す言葉として使われています。

ネグレクトや暴力、虐待、アルコール依存症などの親のもとで育った人だけではありません。はたから見ているぶんには親御さんがしっかりしていそうな家庭でも、子どもに対するしつけが厳しすぎる環境で育った人は、「アダルトチルドレン」と言われる特徴を持つことがあります。


たとえば、親から人格を否定するような言葉をかけられ続けて育った人。

「あんたはなんてダメな子なの」「バカ」「ウソつき」「なまけもの」など、小さいころから人格を否定するような言葉をかけられ続けた子どもは、どうせ自分はダメな人間だと思い込むことがあります。

そのままの自分でいいと思うことができませんから、自分に自信がなくなるだけでなく、他人を信じられなくなることもあります。


ただ、厳しいしつけをしている親御さんに話を聞くと、よく「厳しく叱るのは、子どもが将来困らないためです」とおっしゃいます。

でも、そもそも子どもを「厳しく」叱る必要ってあるのでしょうか。

どんなときに怒ってしまいそうになるか、振り返ってみてください

そうは言っても、私も怒りのまま感情的に怒鳴ってしまったことが以前はありました。

でも、よくよく振り返ってみると、子どもに怒ってしまうときというのは、別のなにか（人であったり、物事）に不満があるときかもしれないと気づいたんですよね。

たとえば、私が怒ってしまいそうになるのは、スケジュールに追われているときです。急いでやらなければならない仕事や提出期限に追われているものがある状態では、怒りの沸点が低くなってしまう（怒りやすくなってしまう）ことがあります。

そのような傾向が自分にあるとわかり、あるとき、子どもに怒ってしまったあと、「さっき怒っちゃったのは、あの件をずっと先延ばしにしているからだ」というように振り返り、なるべく時間に追われないように気をつけるようにしました。

以降、私はほとんど子どもを怒ったり叱ったりしません。

もちろん道路に飛び出しそうで危ないときや駐車場で走り回っているときなど、事故にあうかもしれない命が危険な場合には大きな声で注意することもあります。

そのときも、怒る、叱るというより、心配だということを伝えます。

「駐車場で走り回ったら、車にひかれる危険がある。そうなったらけがをするかもしれないし、身体が動かなくなるかもしれない。それはママも悲しい」ということをおだやかに伝えるだけです。

やってはいけない理由を話せば、ある程度以上の年齢の子どもは理解します。

大人だって理由もなしに頭ごなしに叱られたら、納得できないと感じてしまうこともありますよね。


それでも、親も人間ですから、どうしても反射的に怒ってしまうことや、叱りたくなることもあるでしょう。

クリニックでも、「つい子どもを怒鳴ってしまうんです……」と悩んでいる親御さんもたくさんいます。

私は親御さんに、もし怒鳴ってしまったら、なぜ怒ってしまったのかを振り返ってみてほしいという話をしています。

どうしてあのときの自分はあんなにカッとしてしまったんだろうと、自分なりに分析してみるのです。

先日、次女が車の中でサイダーにラムネを入れてサイダーが大噴射したときは、思わず「ちょっと、なにやってんの！」と叫んでしまいました。

実験好きな次女が「どうなるのかな？」という興味から入れてみたくなったようですが、車の中がベトベトになったら虫も来ちゃうから、次からはお風呂でやろうという話をして、その場を終わらせました。

親としては勘弁してほしいと思うような出来事ではありましたが、彼女の好奇心、サイダーにラムネを入れたらすごいことになるという経験は一生ものだと思うのです。

やる前から、「やめなさい！」と叱ってしまっては、この経験は得られないのです。そういう、ちょっとした子どもの興味や好奇心からの行動の機会を奪ってはいけないと思っています。

また、親が頭の中で「車を汚してはいけない」と強く思っていると、激しく怒ってしまう場合もあると思います。大切にしている車であったりしたらなおさらです。

でも、子どもがきれいに汚さず車に乗るというのはかなり至難の業《わざ》ですよね。私は汚されてもいい工夫をするのも、また子育ての楽しみのひとつだと発想の転換をして楽しんでいます。車をきれいに保つことと、子どもの好奇心をどんどん引き出すこと、どちらが大切ですか？

私の場合は「時間」ですが、「清潔」「人に迷惑をかけない」「きちんと」など、崩されると怒りやすいポイントが人それぞれあると思いますので、まずは自分の言動を振り返る習慣をつけてみてください。

児童精神科医のつぶやき

大人の都合で、子どもの好奇心にふたをしないで

子どもの心の声 13

何度も同じこと言わないで

子どもが「できないこと」ではなく「できていること」に注目しよう

「子どものしつけは親の役目」と思うあまり、わが子につい口うるさく言ってしまうお母さんは少なくありません。

ただし、子どもに対して何度も同じことを注意するのは、逆効果です。

何度注意しても子どもがその行動をやめなければ、親御さんもイライラしてしまいますよね。

そんなときは、「親がしてほしい行為に注目する」「親のタイミングではなく、子どものタイミングを見て話をする」の2つを意識することが効果的です。

ひとつ目の「親がしてほしい行為に注目する」は、とくに小学生くらいまでの子ども向けになりますが、子どもが小さいころというのは、注意すればするほどその行動が増えることがあります。

子どもは、親から注意されるような行為でも、注目されるとそれは自分に反応してもらえることだととらえて、親から注意されるような行為をむしろ繰り返してしまうことがあるのです。

ですから、その反対に親御さんがしてほしい行為に注目して声をかけると、子どもはその行動をするようになります。

つまり、子どもができていないことではなく、「できていること」を見つけるのです。

たとえば、診察室で「うちの子は食事のときにすぐ立ってしまうんです」と訴えるお母さんには、「お子さんが座っているときに注目して、ほめてあげてください」と言っています。

それがたとえ10秒しかできていなくても、ほかの時間は歩き回っていたとしても、その

10秒を見つけて、すかさずほめるのです。

2つ目の「親のタイミングではなく、子どものタイミングを見て話をする」というのは、親が言いたいときに注意をするのではなく、子どもが耳を傾けそうなタイミングで声をかけるということです。

たとえば、子どもがゲームに夢中になっているときには、「部屋を片づけて」と言われても子どもは聞きませんよね。

もしも子どもに部屋を片づけてほしいなら、子どもがゲームをはじめる前に、「部屋を片づけてからゲームをしたら、気持ちよく遊べるんじゃない?」と声をかけるのもいいでしょう。

片づけることで、あなたはこういう状態になれるというメリットを伝えてあげると、子どもの行動が変わる可能性があります。

また、子どもと目が合ったときに言うとか、「お母さんが話したいことあるから、ゲームのキリがいいところでちょっと手を止めてくれるとうれしいな」などと言って、子どもが手を止めて、子どもが話を聞く態勢になってから目を合わせて言うなど、子どもが耳を傾けるタイミングをつくるのも大事です。

子どもに同じことを何度も言うのは、子どもだけでなく親もいやな気持ちになります。それよりも、子どもの気持ちに寄り添った伝え方をすることで、お互いに気分がいいなら、そのほうがよくありませんか。

児童精神科医のつぶやき

あなたの言いたいタイミングで言っていませんか？　子どもには子どものタイミングがある

子どもの心の声 14

なんでもかんでも指示しないでほしい

対話のもたらす力

親が子どもに「こんなふうに育ってほしい」と思っていても、子どもの意志を尊重せずにその思いを押しつけると、子どものやる気を奪ってしまうことがあります。

子どもになにかを伝えたいときは、親が命令や指示をしてコントロールするのではなく、親子で話し合いながら伝えたほうがいいと、私は考えています。

たとえば、子どもになにかをしてほしいなら、ただ「これをしなさい」と言うのではなく、どうして親であるあなたが子どもにそれをしてほしいかを伝えるのです。

そして「お母さんはこう思うけれど、あなたはどう思う?」と、それに対してどう思うか意見を聞いてみてほしいのです。

反対に、なにかをやめさせたいなら「やめなさい」と指示するのではなく、それをしたらどうなるのか、なぜやめたほうがいいと思うかを話して、子どもがどうしたいと思うのか意見を聞いてみてほしいのです。

親が方針を決めるのではなくて、対話をしながら、こちらの思いを伝えるのです。

以前、娘が友だちの悪口を言っていたことがあり、それは人に言ったら絶対にダメだと思う言葉だったので、私は頭ごなしに怒ってしまう衝動にもかられたのですが、ひと呼吸おいて、どういう状況で、どうしてその言葉を言ったのか娘に聞いてみました。そして、「もしも、あなたがそんなふうにお友だちから言われたら、どう思う?」と。

娘は「そんなこと言われたくないって思う」と答えたので、私は「そうだよね。ママも言われたくないよ。だから、○○ちゃんも言われたくなかったんじゃないかな?」と言いました。

すると、娘も納得してくれたのか、お友だちに謝っていました。

対話は、ただ叱って「やめなさい」と言うよりも時間がかかります。「そんなことを言うのはやめなさい」とひと言で言ってしまったほうが、ずっと楽かもしれません。

でも、子どもの脳というのは、まだまだ大人に比べて未発達なのです。性急に結論を押しつけても考えが追いつかず、理解ができないことは精神的にとても負担が大きいので、子どもがその反動で反抗的になってくる原因になることもあります。

「子どもが言うことを聞かなくて、とても反抗的なんです」と思っている親御さんは、ぜひお子さんとの対話を増やしてみてください。

「あなたがそれをされたら、どう感じるか」という感情を子どもに想像してもらうことで、おのずと「では、どうしたらいいか」という答えがわきあがってくるのです。

児童精神科医
のつぶやき
▼
子どもになにかを伝えるときは、
なぜ親がそう思うのかという理由を
伝えて、対話しましょう

子どもの心の声 15

自分の考えで押さえつけないで

「I（アイ）メッセージ」で自分の気持ちを伝える

相手の行動を変えたいときは、「I（アイ）メッセージ」で伝えると効果的です。

「I（アイ）メッセージ」というのは、「私はお皿を洗いたいから、こっちまで食器を持って来てくれると、うれしいな」というように、「それをしたら、私はこう感じる」と「私」を主語にして自分の思いや主張を伝えるコミュニケーションの方法です。

そして、それ以上は強要しません。こちらの気持ちを伝えたら、やるか、やらないかは相手に決めてもらうことが大事です。

ちなみに、この「I（アイ）メッセージ」は、アルコール依存症の治療でも使われる方法です。

私はアルコール依存症の病棟で診察を行っていた時期がありました。

アルコール依存症の場合、とにかくお酒を断《た》ってもらわないといけないわけですが、「お酒を飲むのは体に悪いから、飲むのをやめましょう」と正論を説いても、患者さんはだれもお酒をやめてくれません。

「飲むのをやめましょう」という表現だと、「あなた」を主語にしているので、相手は命令されているように感じてしまうのですよね。

小さいころ、親から「宿題しなさい」と言われて、いやな感情になったことはありませんか？　やろうと思っていたのに親から言われると、めちゃくちゃ腹が立ちませんでしたか？　それと同じです。

ですから、アルコール依存症の患者さんには、「私はあなたの体が心配だから、お酒の量を減らしてくれるとうれしいな」というように自分の思いを伝えるほうが、相手が行動を変えてくれる可能性が高くなります。

こちらがいくら怒ったり、責めたりしたところで、人の行動は決して変わらないというのが、依存症の患者さんの治療を通して私が学んだことです。

とくにアルコール依存症の患者さんは、自分が責められていると感じると、診察室に来なくなってしまいます。

そのまま放っておくと、アルコールによって命を落としてしまうこともありますから、とにかく診察室に気分よく通い続けてもらうことが何よりも治療として大切なのです。

そして、それは相手が子どもの場合でも同じだと思うのです。

子どもに無理やり言うことを聞かせようとすると、子どもには逃げ場がありませんから、とりあえず親の言うことを聞き、親の顔色をうかがうようになります。

そうなると、子どもの本音や気持ちは聞けなくなります。

自分の子どもがなにを考えて、なにを思っているのかを聞けないのは、親としては悲しいことではないですか？

もちろん、子どものすべてを知ることはできないにしても、今のわが子がどんなことに興味を持っていて、どんなことで心を動かすのかを聞きたい。子どもを自分の思いどおりにするより、私にはそのほうがずっと大切だと感じています。

子どもより長く生きている親としては、つい「こうしなさい」「これはやめなさい」と指示をしたくなりますが、一度ぐっとこらえましょう。

大事なのは、**子どもが自分で判断する習慣をつけること**です。

児童精神科医
のつぶやき

正しさを押しつけず、「I（アイ）メッセージ」で伝えましょう

子どもの心の声 16

親はいつも子どもより正しいの？

親の威厳《いげん》って、そんなに大切ですか？

子どもというのは、大人でも答えるのが難しい質問をすることがあります。

とりわけ子どもが小さなころは、「どうして雲は空に浮くの？」「なぜ飛行機は飛ぶの？」のように「なぜ？　どうして？」といった質問を頻繁にしてくることがあり、それを「めんどくさい」と思ってしまう親御さんもいます。

そのような親御さんは、子どもがさまざまなことに興味を向けていろいろ聞いてくるのがしんどいと感じてしまうのかもしれません。

わからなくもないです。子育てって、ときにそれほどまで親の心の余裕を奪ってしまうものだから。

また、親の自分が子どもに「わからない」と言いたくはないかもしれませんし、それによって親の威厳がなくなってしまうと思っている方もいるかもしれません。

でも、親だって完ぺきな人間ではありませんから、わからないことがあっても別に恥ずかしいことでもなんでもないのです。

親がわからないことがあったら「一緒に調べてみよう」と親子で調べてもいいし、「一緒に考えてみよう」とか「あなたはどう思う？」と親子でコミュニケーションを楽しむのもいいでしょう。

親は子どもより正しいはずだとか、上の立場であるべきだと思っている方もいるかもしれませんが、私は親子関係というのは上下の関係ではないと考えています。

対等な1人の人間として、子を敬《うやま》う気持ちを持ってください。

たとえば、私は図工が苦手なのですが、次女はいろいろなところからアイデアを思いついて、いつもなにかやってみようと挑戦しています。

それは単純にすごいことだと思っているし、本人にもそう伝えています。

そういえば先日、次女は片栗粉で実験をしたいと、新品の片栗粉を全部使い切ってしまいました。

液体と混ぜた片栗粉は、ゆっくり触ったときはドロドロになるのに、素早くたたくと固くなります。このように液体に力を加えると固体のようになる「ダイラタンシー現象」をやってみたかったようです。

そして私は、恥ずかしながら親になってはじめてこの現象を知りました(娘に感謝です)。

こんなふうに、次女はいつも家中のありとあらゆるものを使っていろいろな実験をしています。YouTubeやTikTokで見たことを自分で実際に試してみるのです。

私がそんな次女を止めないのは、子どもが自らやりたいと思うことにふたをしたくないからです。

キッチンを汚すからといって親が怒ったら、子どもの「実験してみたい」「試してみたい」という発想をつぶしてしまうことになります。

キッチンを汚すかどうかは、やってみて、はじめてわかることです。やる前から「きっと汚すに決まっているから」と、子ども自身の好奇心からのチャレンジを制限したくないのです。

また、実際にキッチンを汚したら、子ども自身に片づけてもらえばいいし、片栗粉を料理ではなくて実験に使ってもいいじゃんと私は思っています。

子どもには親の顔色をうかがって萎縮《いしゅく》してほしくありません。

どんな子どもでも、親が知らない世界を持っているものです。

それを尊重したいし、なにより親が奪いたくないというのが、私が子どもたちを叱らない一番の理由です。

児童精神科医のつぶやき

子どもは親が知らない
自分の世界を持っている

子どもの心の声 17

お母さんだって完ぺきじゃないんだね！

親の失敗は子どもに見せていい

前に、私は不慣れな料理をしようとして大失敗をしたことがあります。キッチンは派手に汚すわ、できた料理はおいしくないわで、親子ともども大笑いだったのですが、次女がふと口に出した言葉が印象的でした。

「ママって面白いよね。仕事はバリバリやるけど、料理は下手っぴなんだね。ママにもできないことがあるんだね」

また、以前、私が感情的になってしまったことを謝ったときにも、次女に「ママだって完ぺきじゃないもんね。でも謝ったからいいよ。ゆるす」と言われたことがあります。

親の完ぺきではないところ、足りないところも「面白い」という次女の言葉に、私は救われる思いがしました。そう感じて笑ってくれることをうれしく感じたのです。

そして、「ママの失敗をそんなふうに許してくれるあなたのやさしい心がママはすごく好きだし、誇りに思うよ。ありがとう」と伝えました。

当然、親がまちがえることや失敗することもありますが、中にはそれを隠したり、とりつくろったり、ごまかそうとしたりする親御さんもいるのではないでしょうか。私の知るかぎり、子どもに厳しい親御さんほどそうした傾向があります。

自分の非を認められない親は、前項にも通じますが、謝ってしまったら親としての立場がなくなる、親の威厳がなくなると思っているのかもしれません。それは大きなまちがいです。

子どもが小さいころは、自分の親のことを疑うことはあまりありませんが、思春期以降になればそうはいきません。

子どもは、親の言動に矛盾があれば、すぐに気づきます。

とくに親が子どもに厳しくしている場合、子どもは親のまちがいに対して厳しくなりがちです。

そして、親があからさまに自分の失敗や非を認めないままでいると、子どもは大きな不満や不信感を抱え込むことになるのです。


私は、親の失敗は子どもに見せたほうがいいと思っています。

親の失敗を見て、子どもが「親も失敗するのか。だったら、自分も少しくらい失敗したって大丈夫」と思えることで、生きることへの大きな安心感につながるからです。


さらに、親が失敗から学ぶ姿や立ち直る姿を見せることも重要です。


また、もしも親が子どもに対してまちがったことを言ったり、やったりしたら、それを素直に認めて謝ってください。

そうした姿を通して、子どもはお互いに許し合うことを学びます。

相手がだれであれ、自分の非を認めて謝ることでお互いの関係がよりよくなることを経験できるでしょう。

親は子どもにとって、「失敗から学ぶ」「人は完ぺきでなくてもいい」というお手本になることもできるのです。

児童精神科医のつぶやき

親だってたくさん失敗をしてきたということは、子どもの学びになり、生きる安心感にもなる

第3章

子どもは自立したい

子どもの心の声 18

お母さんが不安だからって、私を振り回さないで！

子ども以上にヒートアップする親

親御さんの中には、子どもの身に起こることを自分自身の不安としてとらえてしまう人もいます。

あるお母さんが「中学生の子どもがいじめられて苦しんでいるから、診断書を書いてほしい」と診察室に来られたことがありました。

子どもの診断書を書くためには子ども自身をみなければいけませんから、その中学生の女の子をクリニックに連れて来てもらったのですが、その子の話と、お母さんの話をよく聞くと、2人の話が一致しない点があったのです。

お母さんは「この子はとても傷ついていて、もう夜も全然寝られないし、ご飯も食べられていないんです」と言っている。

けれども、その子に「どれくらい眠れないの?」と聞くと、「いや、寝られてますし、ご飯も食べられています」と冷静な返事が返ってくるのです。

どういうことかとお母さんのほうを見れば、ずいぶん怖い顔をして子どもを見て、何か合図を送っています。

ちょっとおおげさに言って診断書を書いてもらおうとされていたのかもしれません。

ただ、話をよく聞いてみると、たしかにその子はいじめられていて、傷ついていないわけではありませんでした。

が、それよりはるかにお母さんが傷ついていたのです。「うちの子がいじめられている」ということに耐えられなかったのでしょう。

お母さんがいじめのことを切々と訴える横で、黙って話を聞いている女の子を見て、私は本当に救うべきは、このお母さんなのかもしれないと思いました。

実際にいじめの渦中にいて困っているのは子どものほうなのに、お母さんが傷ついて騒いでいる。

子どもが「この子はひどい目にあって傷ついているはず」と言うお母さんに振り回されているように私には映ったのです。

苦しみの境界線のようなものが、母子の間であいまいになってしまっている状態です。

また、そのお母さんは診断書を持って学校に乗り込んでいこうとされていて、話を聞いていると、お母さんのほうがやや物事をいろいろと大きく解釈されているように感じました。

これは子どもが大変だなと思わざるをえませんでした。

子どもが苦しんでいると大騒ぎしているお母さんを、とても冷静な目で子どもが見ている様子がとても印象的でした。

もちろん、そのお母さんにはお母さんの価値基準があるし、親としての感情もありますから、自分の子どもがいじめにあったことで、お母さんが傷ついたということを否定するつもりはありません。

お母さんは、わが子がいじめられたことが悲しく、つらかったということは、事実としてあるでしょう。

でも必ずしも、お子さんが自分と同じくらい傷ついているとはかぎらないのです。

自分が傷ついているのだから、子どもも同じように傷ついているにちがいないという発想は、少し冷静になって考え直したほうがいいと私は考えています。

その不安って、だれの不安ですか？

クリニックに来る親御さんは、子どものことでなにかしら不安を持っていますが、中には、親御さんが勝手に（と言ったら怒られるかもしれませんが）不安になっているだけというケースもあったりするのです。

そして、「子どもの問題さえ解決してくれたら、私の悩みなんてなくなるんです」と言っているお母さんに、こう問いかけることがあります。
「その問題は、本当にお子さんの問題ですか？」と。

児童精神科医
のつぶやき

子どもが傷ついているのか、
それともあなた自身が傷ついているのか、
冷静に見極めることが大切

子どもの
心の声 19

お母さん、そんなに私のことが心配？

親は不安だから子どもをコントロールしようとする

クリニックに来られる方はもちろんですが、私がやっているYouTubeやインスタグラムに寄せられる感想やコメントを拝見していると、強い不安を持っている親御さん（とくにお母さん）が多いと感じます。

人は先の予測や見通しが立たないことに不安を感じますから、子育てには予測不可能なことがたくさんあり、親が不安やストレスを感じやすいというのはよくわかります。

ただし、子どもは親の思ったとおりに育つわけではないし、この先どうなるかという予測もできません。

不安だからこそ、親は子どもをついコントロールしたくなってしまうのでしょう。

不安ゆえに、自分と同じようなレールに乗せようとする親もいます。

そんなふうに親が子どもの人生をコントロールしてはいけない、と言いつつも、かつては私もその1人でした。

私の通った名古屋の南山《なんざん》中学校女子部は、私が卒業したのちに小学校ができました。

私は落ちこぼれでしたが、とても大好きな学校だったので、長女が小学校受験をして、南山小学校に入って、そのまま中学校、高校と進学してくれたらうれしいなと思って受験をさせようとしました。

でも、発達特性のある長女にとって、小学校受験というのはとてもストレスフルな課題の山積みでした。

はじめての場面でとてつもなく緊張してしまう長女は、毎回、塾で固まっていました。

あるとき、ふと思ったのです。

長女が南山小学校に行って、さらに私と同じ中学校に進学したら、なんとなくその後の人生のルートが想像しやすくて、ただただ自分が安心するから、私は受験をさせたいと思っているのかもしれないな、と。

私は三重県の私立の小学校に通ったので、公立小学校に通った経験がありませんでした。なんとなく、私立の小学校に行かせたほうがいいのかなと思っていたのですよね。

でも、長女の進学した公立の小学校は、素敵な先生ばかりで、私は公立小学校に対して、なにを勝手に不安になっていたのだろうと反省しました。

お子さんの進路で、ここがいいだろうと思って、その道をお子さんにすすめるときに、当たり前だと思わずに、ぜひ一度振り返ってほしいのです。

「なぜ、あなたはその進路をすすめたいと思っているのか」を。本当にその進路が子どもにとって最適な進路なのでしょうか。

もしかして、あなたがその進路に子どもが行ってくれたら安心するだけなのではないでしょうか。

親が予想できる道に進むことを、子どもは本当に望んでいますか

たとえば、ある仕事で成功している親が子どもを自分と同じような道に進ませようとするのは、その先の過程を予想しやすいからでしょう。

一方、子どもから「アーティストになりたい」とか「ユーチューバーになりたい」などと言われても、多くの人はその先が予想できないために、なかなか肯定できないのです。

もちろん、人生にはある程度のお金が必要ですから、「その仕事でちゃんと食べていけるのか」と親が不安になるのも当然です。

でも、自分たちの安心のために、子どもが望まないことを押しつけるのは問題ではないでしょうか。

そんなとき、少なくとも自分が安心するために子どもをコントロールしたくなるのだということに気がついていれば、思いどおりにしようとすることにブレーキがかかりやすくなります。

自分が不安だから子どもに勉強させようとしていると自覚できている人と、自分の不安をまったく自覚していないまま勉強をさせている人とでは、子どもへの圧の強さがちがってきます。

子どものほうも、「あなたのためなんだから」と言われながらどんどんプレッシャーが強くなっていったら、苦しくてたまらなくなってしまいますよね。

子どもが自分の足で自分の人生を選択していけるように育てることが親の役割です。

児童精神科医のつぶやき

親が子どもに進ませたい道があるときは要注意

子どもの心の声 20

「ああしなければ」「こうしなければ」ってうるさいなぁ

「ねばならない」が多いほど子育ては苦しくなる

偏差値の高い学校に行かねばならない、友だちは多くなければならない、人に迷惑をかけてはならないとか、親御さんの中で「ねばならない」というものが多ければ多いほど、子育ては苦しくなるものです。

親御さん自身がそうやってがんばってこられた方であればあるほど、その「ねばならない」という思いが強くなり、「ねばならない」どおりにならない子どもを見て苦しく、また不安になるのです。

私が言いたいのは、ここでもそれは子どもの問題ではなく、親御さんが問題だと感じていて不安になっているだけという可能性があることです。

もちろん、さきほどのお母さんのように、わが子がいじめられたとか、仲間はずれにされたなどと聞くと、親として心配になるのは当然です。

ただ、子どもより親のほうが狼狽《ろうばい》してしまうと、子どもが「お母さんを心配させちゃうから次から言うのをやめたほうがいいかな」と、言い出しにくくなってしまうことが児童精神科医としてはとても心配です。

子どもに関する不安があるときは、どこからどこまでが親である自分自身の不安で、どこからどこまでが子どもの問題なのかということを分けて考える必要があります。

これまでは、偏差値の高い学校に行かせなければならないと思い込んで、成績の届かないわが子のことが不安だったけれども、よく考えてみたら、自分がそのように育てられてきたから、そう思い込んでいるだけだった。

子どもの問題ではなくて、自分自身の問題だったと気づけば、子どもに対する行動も変わってきます。

無理に偏差値の高い学校に行っても、入学後についていけずに自信をなくしてしまう可能性もあります。

それに単に偏差値の高い学校という基準でなく、子ども自身が好きなことを学べる学校や、性格に合った校風の学校という選択肢もあるかもしれません。

考え方はさまざまですが、**まずお母さんが自分の不安の正体に気づくことが大切です。**漠然とした不安を具体化するというのは、不安を安心に変える方法のひとつとしてとても有効です。

そうすることで、自分自身の気持ちが楽になり、子どもへの接し方も変わってくるのです。

お子さんに漠然とした不安を感じている方は、まずは自分自身の不安と向き合ってください。

自分はなにがそんなに不安なのか、その不安はどこからきているのかな、と。

親が自分自身と向き合う習慣をつけることで、子どものことで過度に不安にならず、冷静に問題に対処することができるようになります。

児童精神科医のつぶやき

「ねばならない」は、本当にそうでなければならないですか？

子どもの心の声 21

子どもの世界に勝手に入ってこないで

大人の見える世界と、子どもが体験する世界はちがう

長女は自閉スペクトラム傾向があるので、「お友だちと遊んでいても、うまく場になじめていないないなぁ」と私から見て思う場面が何度かありました。

子どもというのは、とても素直な生き物です。

長女と友だちのAちゃんとBちゃんの3人で遊んでいたときのことです。

AちゃんがBちゃんに向かって「○○ちゃん（長女のこと）って、なに考えてるかつかめないよね」と長女の前で言ったことがありました。

私もその場にいたので、ちょっぴり悲しく、思わず、「そんなこと言わないで一緒に遊

んであげてよー」と言いたくなったのですが、その気持ちをぐっとおさえて、長女の表情を観察しました。

そうしたら、長女は表情をとくに変えることなく、なにごともなかったかのようにその場にいるのです。

それを見て、「あ、私はちょっぴり傷ついたけれど、長女はそうでもないみたい」と冷静にその場をやりすごすことができました。

そして、少し時間がたつと長女もまじえて、みんなで仲よさそうにまた遊んでいました。あのとき、下手に口を挟まなくてよかったと思った出来事でした。

子どもというのは、ときに残酷（に親が聞こえてしまうだけなのかもしれませんね）な言葉を放つことがあり、親である大人のほうが傷ついてしまうこともあります。

でも、そんなときこそ、一度冷静になってお子さんをよく観察してみてほしいのです。本当にお子さんが傷ついているのか、そうでもないのか。そこを見極めることは親として、とても大切なことだと私は思っています。

子どもにとって、どういう出来事が傷つくのか、それとも、そうでもないのか。子どもが自分にとってネガティブな出来事をどう受けとめて、対応するのか。「親である自分が傷ついたから、子どもも傷ついたにちがいない、守ってやらないと」と、すぐに子どもたちの中に介入することはおすすめしません。

出来事の自分自身の感じ方、とくにネガティブな出来事であった場合、その避け方や乗り越え方というのは、子どもが自分で見つけ、乗り越えていくことによって、「自分の力で生きていく力」につながるのです。

これは児童精神科医としてというよりも、1人の母親として、わが子の成長を通してそう強く感じていることです。

児童精神科医
のつぶやき

わが子が「かわいそう」と思ったときほど、一度、深呼吸をして、様子を観察してみて

子どもの心の声 22

お母さんが不安そうにしていると、もっと不安になるよ

正しい情報をもとに、正しく不安になる

新型コロナウイルスが猛威を振るっていたときは、未知のウイルスであるという不安や突然の行動制限によるストレスなどで、眠れない、イライラが収まらない、気分が落ち込むなどの症状を訴える人が増えました。

当時は必要以上に不安をあおるような記事やまちがった情報もありましたが、そうしたなかで私は、その情報はただの噂話なのか、根拠のある事実なのかを見極め、「正しく不安になる」ことがいかに大事かを考えるようになりました。

このことは、子育ても同じだと思います。

まず、根拠のない情報には振り回されないこと。

さらに、親が不安だからと言って、子どもの特性や興味に見合っていない教育を押しつけないこと。

また、先述したように、子どもの不安をあおるような声かけをしないこともです。

診察室でも、「お子さんになにか言いたくなったときには、まずご自分の中で、なにが不安で、そう言いたくなるのか考えてみてください」とよくお話ししています。

ただし、不安というのは悪いことばかりではありません。

人が生きていくうえでは、不安や心配や恐怖も大事な感情です。

不安や心配があるからこそ、人は不測の事態に備えることができますし、恐怖があるからこそ、事故や事件を避けられることもあります。

そうは言っても、不安や心配、恐怖を漠然と感じている状況は、だれでもつらいはずです。

そういうときは、自分はなにが不安なのかを紙に書き出してみたりして具体化すると、少し気持ちが楽になります。

「これは心配してもしょうがない」と冷静に振り返るなど、適切に対処をすることで、それほど不安に思う必要がないなと気づいたりできれば不安が軽くなります。

お子さんに対する不安で頭がいっぱいになったときこそ、まずはお母さん自身が冷静に自分の不安と向き合ってみてほしいのです。

児童精神科医のつぶやき

大事なのは、正しく不安になること

子どもの心の声 23

お母さんが苦しいのは私のせい？

子どもは親の不安を敏感に感じとる

あるとき、不登校の中学生のお母さんが診察室にいらっしゃいました。

その子は反抗期ということもあって、家で荒れていました。

お母さんは学歴も高く、キャリアウーマンで、これまでバリバリ仕事をされてきて、自分の人生を自分の努力で積み上げてきたタイプの方でした。

お母さんは子どものために自分の仕事もやめて、子どもの問題を1人で抱え込んでいたのですが、警察を呼ぶくらいその子が暴れるようになり、下の兄弟にまで手を出すようになって、ついにお母さんがクリニックに相談に来られたのです。

お母さんの話を聞くと、その子のもともと社会に適応しにくい性格など、さまざまな要因に加えて、当時行かせていた受験塾が厳しすぎたため、お子さんにはそのストレスもあったようです。

その子は昼夜が逆転して夜通しゲームをする生活で、機嫌が悪くなると叫びながら物を投げて、部屋で大暴れ。

お母さんは、その音や声を聞いているだけで気が滅入ってしまうと言い、「もう人生真っ暗」というように、すっかり絶望していました。

そして、子どもが荒れているのは母親として自分がしっかりしていないからではないか、子どもをちゃんと見ていないからこうなったのではないかなどと、自分を責めていました。

私自身も長女が学校に行けなくなったときに、自分がダメなせいだと思っていたこともあったので、その気持ちは痛いほどよくわかりました。

ただ、やはりお母さんが絶望や不安を感じていると、子どもというのはお母さんの不安な気持ちをとても敏感に感じとり「お母さん、私のせいで楽しそうじゃないんだ」と思い、ますます荒れてしまうというような負のループになってしまうのですよね。

お母さんは自分の時間や気持ちも大切にして

とくに思春期で反抗期のお子さんを持つ親は忍耐と寛容さが試されるとても苦しい時期ではあるのですが、その時期にも、親が自分自身の時間や自分の気持ちを大切にして、やりたいことをやって笑顔ですごすことも大事です。

このお母さんは自分の仕事をやめて、つきっきりで子どもについていたのですが、もう中学生です。

むしろ仕事をやめたことで、よけいにお母さんが追い込まれていったようにも私は感じました。

そこで、「仕事をしたいと思われるなら、少しずつ再開してみたらどうですか」と、お母さんにお話ししてみました。

また、その子に対しては怒らせないように毎日気をつかい、腫《は》れ物に触るようにすごしていたそうですが、「お母さんのすごしたいようにすごしてみたらどうですか」という話をお母さんにしたら、あるとき、ずっと我慢していた旅行に下のお子さんと2人で行ったそうです。

最初は、その子ひとりを置いて旅行に行くなんてとても考えられなかったそうですが、思いきって行ってみたら、お子さんは留守中もおだやかにすごせていて、家で暴れることもなかったし、下のお子さんもとても喜んでくれたと話してくれました。

そうやって、お母さんがやりたいことをやるようになったら、徐々にお母さんにも余裕が出てきて、笑顔ですごすことも増えていきました。

ただし、その子が学校に行けるようになったわけでも、昼夜逆転の生活が変わったわけでもありません。ただ、それに対するお母さんのとらえ方やお母さん自身のすごし方が大きく変わったのです。

そのお母さんはご自身でもいろいろな本を読んで試してみたり、子どもたちを大学の心理相談室に通わせたりするなど、熱心に「やるべきこと」をやられていて、クリニックに最初に来られたときは、とにかく子どものことも、自分のことも、家族のことも全否定されていました。

こんなに見苦しいわが家をどうすればいいのか、とにかくなんとかしてほしい、という感じでした。

それがお母さんの心に余裕ができて、見方が少しずつ変わってきたのです。すると、少しずつ子どもの態度も変わってきたそうです。

その子も暴れることが減ってきて、下のお子さんも自由に自分のやりたいことをやれるようになって、家の中が平穏を取り戻してきたのです。

今ではクリニックに来られることもなくなり、おだやかにすごしていらっしゃるようです。

親というのは、「子どものために」と熱が入りがちです。

ただし、ここでも忘れてはならないのは、子どもが成長していく根底には、なによりも安心が必要だということ。

とくにお母さんが笑っていてくれると、子どもは「自分はここにいてもいいんだ」という安心感を得られるものなのです。

ご飯や住む場所を与えられるという物質的な豊かさも大事だけれども、子どもに安心や安全などの精神的な充足感を与えることは、もっと大切です。

子ども時代を安心できる家庭ですごすことで、少しずつ社会の中で安全な居場所を見つけることができる、自分の世界を広げていくことができる、それが本当の意味での自立ではないでしょうか。

もしも親に役割があるとしたら、やはり子どもにとって一番安心できる存在になるということに尽きると私は思っています。

児童精神科医
のつぶやき

親が笑って見守ってくれている。
それがなによりの安心です

第4章

子どもは信じてほしい

子どもの心の声 24

「どうせできない」って思ってる？

子どもの交友関係にまで介入するお母さん

あるお母さんは中学生の娘さんの友だち関係が心配で、学校の担任の先生に相談に行ったそうです。

娘さんが仲よくしている同級生が髪を茶色く染めて制服を着崩していたので、わが子がそのような友だちに感化されないか心配だったからです。

家に帰ってお母さんは、娘さんに「成績がいい子とだけ仲よくしなさい」と言いました。

それを聞いた娘さんは強く反発し、それまでは反抗らしきこともしていなかったのに、一気に反抗期に突入してしまったそうです。

私の母も昔、同じようなことを姉に対してしていました。

姉は進学校に進みましたが、金髪で目立っている同級生がいて、姉が仲よくしていたところ、母は学校に電話をかけて、翌年度のクラス分けではその子とクラスを分けるように姉に内緒で先生に依頼したのです。

私は姉からその友人がどんな子か聞いていたので、髪は金髪にしていたけれど、とても性格のいい子だと思っていました。

子どもながらに、「母はなんでそんなことするんだろうな。心配なのはわかるけど、少しやりすぎじゃないかな」と思ったことを覚えています。

私の母はとても愛情深い人なので心配で心配でしかたがなかったんだと思います。自分も母親になった今は、母の気持ちも理解できます。

けれども、思春期の子どもの交友関係に親が介入することには、児童精神科医としては警鐘《けいしょう》を鳴らさざるをえません。

思春期というのは、友だちとの関わりや外の世界を大切にするようになり、徐々に家庭外での自分の世界を広げていく時期です。

ですから、親に友だちのことを言われて子どもが反発するというのは、中学生くらいの子どもの正常な精神発達とも言えます。

そうしたなかで、親のこうした行為はやはり過干渉と言わざるをえないと思います。

もちろん、基本的には子どものことを思ってやっているはずですし、わが子が悪影響を与えられるのではないかと心配になる気持ちもわからないではありません。

ですが、親が子どもの人間関係や行動を把握してコントロールするなどの過干渉を受け続けると、子どもはどう感じるでしょう？

親に信じてもらえない子どもの悲しさ

もしも、わが子が実際に非行に走ったり、生活態度が極端に悪くなっているなどがあれば、交友関係や行動について本人に聞いてみる必要はあるかもしれません。

しかし、子どもの交友関係を制限したりコントロールしようとするのは、子どもの自立を妨げる行為なのだということを知ってほしいです。

「お母さんは私のことを信じていない」と子どもに思われたら悲しくありませんか？

そのような子どもへの過干渉は、親が「手を貸さなければ、この子はなにもできない」と言っているようなものですから、それを感じた子どもは自信をなくしてしまう可能性もあります。

また、過干渉な親は、わが子が失敗しないように、道からはずれないようにと願って事前にリスクを排除しようとしますが、それでは子ども自身がやっていいこととダメなことを見極めて判断する力や、失敗から立ち直る力を育てていくことはできません。

どの親も、子どもが成長するにつれて自立してほしいと思っているのに、自らの手でその芽を摘んでしまっているとしたら……。

児童精神科医
のつぶやき

よかれと思ってしている行動も、
一度立ち止まって、
その行動の意味を考えてみて

子どもの心の声 25

ちゃんと私を「見て」「聞いて」「信じて」

不安の強い親ほど「見ない、待てない、気づかない」

心配性の親御さんというのは、子どもが自分の気持ちを口に出すのを待てませんし、子どもの様子を見ているようで、じつは見ていません。

見ていないから、子どもがなにかを言いはじめるのにも気づきません。

そんな、子どものことを「見ない、待てない、気づかない」というのが、不安の強い親御さんの特徴です。

「見ない、待てない、気づかない」親御さんは、子どものことを信じることができません。

心配性の親は、この子は私がいなければなにもやらないし、なにもできないし、なにもわからないと思っているからです。

だからこそ過干渉になりやすいのですが、子どもがやる前から親が手を出してしまう、なにかする前に親が道をつくってしまうということを繰り返していくと、子どもは「自分がやらなくても親がやってくれるからいいか」と感じるようになっていきます。

そして、子どもが自分ではなにもできないという負のサイクルにおちいってしまいます。

子どもが成長する機会を奪っているのは親御さん自身なのです。

まずは、子どもの目を見て、子どもの声を聞くことからはじめてみてください。そして、子どもを見守ること。大事なことはそれだけです。

子どもの声に耳を傾けていますか？

家で暴れる子どものことで困っていてクリニックに訪れる親御さんの中には、「どうしたらいいんですか？」と私にたずねるお母さんも多くいます。

もちろん、心配だから正解を求めたくてたずねるのはわかりますが、その答えを持っているのはお子さん本人なのです。

「お子さんに、お母さんにどうしてほしいのかって聞いたことありますか?」と聞くと、言葉に詰まる方が多いです。

もちろん、子どもが暴れているときは感情的になっていてどうにもできないかもしれませんが、感情的になっていないときも必ずあるはずですから、そのときに「どうしてほしい?」と聞いてみてほしいのです。

子どものことをちゃんと見て、声を聞いて、信じるというのは、頭ではわかっていても、「じゃあ、どうすれば?」と思うかもしれません。

「見ない、待てない、気づかない」の裏返しは、ただ笑顔で、愛情を持って、子どもを見守るということです。

ふだん子どもにいろいろなことをしてあげている親からしてみれば、「それだけ?」と思われるかもしれません。

でも正直言って、それだけなんです。

一番簡単だけど一番大切で、多くのお母さんが一番できていないことです。そして、やろうと思えば、すぐにできることでもあります。

この本を通してずっとお伝えしていること、それは**お母さんが笑顔でそばにいるだけで子どもは安心し、おだやかになり、自分の言いたいことを伝えられるようになるのです。**

児童精神科医
のつぶやき

ただそばにいて笑っている。
一見簡単そうだけど、
意外とできないんです

子どもの心の声 26

なにも言わずに見ていてくれるだけでいいからね

「信じて見守る」という選択肢

どうしても子どものことが不安でしかたがないという親御さんにとりわけお伝えしたいのは、「愛情を持って見守る」のも大切な子育てだということです。

子どもをコントロールするのではなく、子どもを信じて見守るのです。

人は社会の中で安定した人間関係が築けていると、逸脱した行動や犯罪行為をする可能性が低くなるという考え方がありますが、まさに親の信頼が子どもの行動によい影響を与えます。

子どものことでなにかアクションを起こしたいと思ったときは、いったん立ち止まり、お子さん自身をよく見てほしいのです。
そして、まわりの情報に惑わされず、自分の子どもを信じてしばらく見守ってみるという選択肢があることを忘れないでください。

子どもに干渉したくなる親御さんには、自分が子どもを信じていないという自覚はないと思いますが、その行動が子どもにどんな影響を与えるのかをよく考えてほしいのです。

よかれと思って子どもに対してしていることが、逆効果になっているとしたら、それって「子どものため」と言えますか？

子どもには子どもの人生があり、子どもにも意志や考えがあるのです。

「そんなこと言っても、いつも口うるさく言っている親が急になにも言わなくなったら、子どもは見放されたって思いませんか？」とおっしゃるお母さんもいましたが、もしそう思われるなら、正直に話してみてもいいと思います。
そして「お母さん、今まで心配しすぎてあなたに声をかけすぎたかなって思ったの。だから、これからはもうちょっとあなたのことを信じて見守るようにするわ」と、素直に方針を見直す宣言をしてください。

「でも、困ったらお母さんはいつでも助けるから、声かけてね。お母さんはあなたを見捨てるわけじゃないからね」と言ってもいいと思います。

子どもの反応はどうでしょう。きっと子どもの表情を見るとわかるはずです。


子どものことをしっかり見守りながら、一歩引いて俯瞰《ふかん》する。

お母さんが信じてくれている、なにかあったらお母さんが助けてくれるという安心感が、子どもの自制心や自信にもつながるのです。

児童精神科医のつぶやき

子どもを信じて待つ。だまって見守ることで伝わる思いもあります

子どもの心の声 27

「自分の意見を言いなさい」と言うなら、まず話させて

子どもが本音を話せる場づくり

子どもは、自分の話をちゃんと聞いてもらえると思えないと、なかなか本音を口に出してくれません。

不安の強いお母さんは、診察室で子どもの代わりに横から口を出す傾向があるのは先述した通りで、おそらく学校の先生と話すときも、親せきや知り合いの人と話すときも、とにかくいろいろなシーンで子どもの代わりに答えてしまっているのだと思います。

だから、子どもがなにか自分の話をする場面では、まずは親が黙って、子ども本人が安心して話せるような状況をつくってあげてください。

どうしても子どもより先に話したいことがあったら、「お母さんが代わりに話してい い？」と、子どもにひと言かけてから話しましょう。

どんなにもどかしく感じても、子どもが話す機会を親が奪ってはいけません。

とくに診察室では、その子がなにを感じて、なにを思っているのか、いやいや連れて来られたにしても、どうしてここに来てくれたのかを子ども本人の口から聞きたいのです。

子どもがうまく答えられなかったら恥ずかしいと思うかもしれませんが、まわりの人がどう思うかを気にするより、まずは子どもの声に耳を傾けてください。

世間の目よりも、子どもの目を見て、子どもの声を聞いてほしいのです。

児童精神科医
のつぶやき

話を聞く姿勢がなければ、
子どもは自分から話しません

子どもの心の声 28

もっと自分の足で歩かせて

親が教えるべきは失敗の避け方よりも乗り越え方

さきほどの子どもの交友関係に口を出したがる親御さんたちに話を聞くと、うちの母もそうでしたが「自分の子どもに失敗させたくない」という気持ちの強い方が多いです。

たとえば、高校生の娘さんのスマホを片っ端から見て、友だちとのやりとりをチェックする親御さんもいます。

また、高校生の娘さんが寝ている間にスマホのロックを解除して、付き合ってほしくない相手の連絡先をすべて消去してしまったお母さんもいました。

その娘さんは拒食症を患《わずら》い、立ち直るまでに大変な思いをしましたが、やはりそうした過干渉な親子関係も原因のひとつだと考えられます。

だれしも、友だちとのやりとりや異性関係で失敗することはありますよね。友だちに言ってはいけないことを言ってしまってモメたとか、恋人ができて勉強に手がつかなくなるなど、若い時期だからこそ、やってしまう失敗もあるでしょう。

でも、**人は失敗しないと学べないこともあります**。

「愛しているからこそ、子どものことを思って失敗させないようにする。それのなにが悪いのですか？」という親御さんもいます。

もちろん、それも愛情かもしれませんが、どんなことでも親が先回りして失敗させないようにしていたら、子どもは失敗する経験をしないまま、社会に出ることになります。

そうなると、親がいない状態ではどうしたらいいかわからなくなり、なにもできなくなってしまうかもしれません。

場合によっては、たった一度の失敗で自分の存在価値が揺らいでしまい、精神的に追いつめられることもあります。

というのも、私自身がまさにそうでした。

親が子どもを管理し続けると、大人になっても、自分の人生なのか親の人生なのか、よくわからなくなってしまうこともあるのです。

私の場合は、なにかに迷ったときにはすぐに母の顔が浮かんできて、「母だったらどう思うだろうか？」と考え、母がいいと言ってくれたら安心できました。

でも、心の中ではいつも「私が生きても死んでも、あまり変わらないかもしれない」なんて考えていました。それくらい、自分が生きているという実感がなかったのです。

私自身は、結果的に医師になったので、「私の子育ては正解だったでしょう？」と母は言うかもしれません。

たしかに私は母の教育熱心な導きのおかげで医師になることができたところもあるので、親がすべてまちがっていたと責めるつもりはありません。でも、心のどこかでこうも思うことがあります。

もう少し自分の足で歩いていたら……。

どんな人生の景色が見えていたんだろう、と。

どんな人でも必ずなにかで失敗します。大事なことは、その失敗をどう乗り越えていくかです。

ですから、親の役目は子どもから失敗を遠ざけることではなく、**失敗をどう乗り越えるかを教えることです。**

そして、**「失敗しても絶対にあなたの味方だよ」**と伝えることなのです。

児童精神科医のつぶやき

▼

自分の足で歩いてこそ、子どもは失敗から学ぶものです

子どもの
心の声 29

うまくいかなかったら、どうしよう……

結果だけで一喜一憂《いっきいちゆう》しない

受験に関して言えば、とにかくレベルの高い学校に入学することを目指している方は多いですが、それって最終的な人生のゴールではありませんよね。

成績が優秀でなければ親に認めてもらえなかったとか、親から虐待を受けてきたなど、長い間、安心してすごしてこられなかった人は、成長したあとも生きるのがつらいと苦しむケースが多いです。

自分に自信がない、他人のことを信じられない、毎日楽しいと感じることがまったくない、自分がなにをしたいのか、なにが好きなのかもわからない……などの生きづらさを抱えている人も少なくありません。

ですから、一番大事なのは、やはりここでも、子どもが安心できるかどうかということ。**うまくいかなくても帰って来られる場所があると思えば、子どもは安心して、また挑戦ができます。**

親が笑っていてくれるから、子どもは安心してがんばれるのです。

でも、うまくいかなかったらお母さんに怒られる、お父さんに怒鳴られると思っていたら、ベストなパフォーマンスを出すことはできませんよね。

そしてそのうち、うまくいかなかったときに、それを隠すようになります。

親御さんは、わが子が失敗したらどうしようと不安になる前に、まずお子さんに態度や言動で安心できるようにしてあげてください。

もしも子どもが「受験に落ちたら、どうしよう。私の人生、もう終わりだよね？」と不安になっていたら、そんなことは絶対にないと教えてあげてください。**当たり前だと思わずに、言葉にして伝えてあげてくださいね。**

そして、万が一うまくいかなくても「失敗だったね」と子どもを追いつめるのではなく、やってきたことがすべてムダになることはないことを伝え、「また挑戦してみよう」と自分の足で立ち上がるまで、子どもを信じて見守ることが大切です。

児童精神科医
のつぶやき

とらえ方を変えれば、
やり直すチャンスは必ずあります

子どもの心の声 30

受験に落ちたら、人生もう終わり!?

なにをもって「失敗」と言うのか

子どもの失敗について、もう少し話を続けさせてください。それだけ、子どもの失敗を恐れている親御さんが多いからです。

先日も、クリニックに来たあるお母さんが「うちの子ってすごく失敗に弱いから、できるだけそういう経験をさせたくないんです」と話していました。

このように「わが子には絶対失敗させたくない」という親御さんは非常に多いです。

では、子どもにとって、どんなことが「失敗」になるのでしょうか？

「失敗」の定義ってなんでしょう？　考えたことありますか？

たとえば、中学受験に挑戦して、もしどこにも合格しなかったとしたら、それは失敗でしょうか？

失敗だと思う方もいるかもしれませんが、受験勉強で得た知識や基礎学力は子どもにとって、けっしてムダになりません。

それまでたくさん勉強してきたという経験も、その子が育んだものです。

たとえば、そのあとに公立の中学に進学して、その知識や基礎学力をもとに勉強し続けて、高校受験で自分の志望する学校に入学できたら、それは失敗ではありませんよね。

高校受験にかぎらなくてもいいのですが、受験勉強を続けてきた過程をのちの人生に活かして、結果的に自分が納得できる道を選べたら、それは失敗とは言えません。

でも、だれかが「失敗」と決めたら、それは失敗だったと定義されてしまうのです。

受験に落ちたときに、親が「失敗した」と認識すれば、子どもも、そう認識するのです。

そうして、やる気や自信を失ってしまうこともあります。

親が結果をどうとらえるかによって、その子の今後が大きく変わるのです。

ですから、受験のときに一番気をつけなければいけないのは、結果的に子どもが自信をなくしたり、燃え尽きたり、生きる気力をなくしてしまうような結果のとらえ方を親がしないことです。

親御さんは「失敗だったね」とか「これだけがんばってきたのに、ムダになっちゃったね」などという言葉は絶対にかけないようにしてください。

なるべく、子どもがそれまでの過程を活かせるような声かけをしてほしいのです。

親も子も、それを失敗と思わなければ、「失敗」とはならないのです。やり直せることはたくさんあります。

日ごろのささいなことでもそうです。

子どもが忘れものをしたら、次からは忘れないようにしようと注意するようになります。

また、忘れものをしたら、ほかのだれかに借りるという手段もあることを学びます。そして、次は自分がだれかに貸してあげようと思うかもしれません。

自分の言動が原因で友だちとけんかをしたら、自分の言い方を見直す機会になります。
自分が失敗することで、他人の失敗にも「そんなこともあるよね」と優しい眼差しで受け入れられるようになるのだと私は思っています。

児童精神科医のつぶやき

あなたがこれまで失敗だと思ってきたことって、本当に失敗でしたか？

子どもの心の声 31

もう親の言うとおりにならないから

反抗期は、親の「べき思考」に気づくチャンス

小学校高学年から中学生くらいになると、子どもが反抗的になってきて、どう接したらいいかわからないと悩んでいる親御さんもいます。

私は、子どもの反抗期はけっして悪いものではないと思っています。

子どもが自分の考えや意見を持つようになり、親に甘えたくないという自立心が芽生えてきたということですから、正常な精神発達の過程であって、それほど否定的にとらえる必要はないのです。

また、見方を変えれば、反抗期というのは親が子どもをコントロールしようと思っても、できなくなる時期と言えるかもしれません。

ですから、子どもが反抗期で親が困っているとしたら、それまで無意識のうちに、親が子どもをコントロールしようとしていたことに気づくチャンスなのです。

反抗期だけでなく、子育て全般においてそうだと思いますが、親が子どもに対してイラっとしたときや、「なぜ、この子はうまくやれないのか」と難しさを感じたときは、親が自分の中に「こうすべき」という理想や模範のようなものがあって、その「べき思考」にとらわれているということでもあるのです。

たとえば子どもが不登校になったとき、親の中に「学校には行かなければいけない」という価値観があると、やはり混乱したり、不安になったり怒りを感じたりすることもあるでしょう。

今はフリースクールなど不登校の子どもたちをサポートする団体も増えています。

勉強する場は学校以外にもあると気づくと、子どもが泣いたり叫んだりしているのを見て、そんな思いをさせてまで学校に行かせなくてもいいと思えるかもしれません。

もちろん、いろいろなことを考慮したうえで、やはり学校に行かせたほうがいいと思うかもしれません。

いずれにしても、学校に行く、行かないという判断を親が下す前に、まず当事者である子どもの気持ちに耳を傾けるべきです。

反抗期は立派な成長の証

子どもが反抗してくるときは、これまで自分が信じてきた価値観を疑ってみることも大切です。

子どもが自分に反抗していたら、思わず子どもを責めたくなるかもしれませんが、もしかしたら自分の言動にも原因があるのかもしれないと考えてみてください。

もしかしたら、お父さんやお母さん自身も、それまで「学校に行かなければいけない」「いい成績を取らなければいけない」と思って必死でがんばってきたのかもしれません。

ただ、それを子どもにも「やるべきだ」「できるはずだ」と押しつけていないでしょうか。

子どもに自分の理想を求めすぎていないでしょうか。

まずは、自分の価値観を見つめ直してみる。

もし自分が子どもに価値観や理想を押しつけていたということに気づけば、その後の言動も少しずつ変わってくるはずです。

そして、思春期の子どもというのは、親や社会への反抗を通して成長していく心の発達段階だということも忘れないでくださいね。

親の敷いたレールの上を生きる子どもは、失敗をしにくい半面、親のコントロールがないと不安になってしまうことがあります。

たとえが適切ではないかもしれませんが、刑務所から社会に出た人が1人で生活できないために、もう一度犯罪を犯して刑務所に戻ってしまうのと、ある意味では似ています。

親の過度な規律に縛られた中での生活が長ければ長いほど、その子は1人で生きていく自信がなくなり、自分1人ではなにもできないと思い込んでしまうことがあるのです。

子育ての大きな目的は、子どもが社会の中で自立して生きていけるよう、自分の足で立って、歩いていけるようになることのはずです。自分の思いどおりにコントロールするよりも、子どもが自分の足で立てるよう見守りましょう。

児童精神科医
のつぶやき

反抗期は自立のはじまり

第5章

子どもは見守っていてほしい

子どもの心の声 32

「あなたのため」って言うけど本当にそうなの？

「愛情」という言葉の裏にあるもの

最近、「教育虐待」という言葉をよく聞くようになりました。

教育虐待とは「子どもの受忍限度《じゅにんげんど》を超えて勉強させること」とされ、親や教師などが行きすぎた勉強や習いごとを子どもに強《し》いたり、期待したとおりの結果が出ないと厳しく叱責したりすることを指します。

クリニックに来る患者さんの中にも、親からのプレッシャーに苦しんでいる子がたくさんいます。

その多くは、わが子によりよい人生を歩んでほしいと思うあまり、親御さんの教育に熱が入りすぎてしまうケースです。

「子どものためを思って」という親の思いが強すぎると、子どもの負担になってしまうことがあるのです。

とくに今はひとりっ子が増えているぶん、1人の子どもにかける情熱も期待も、お金も増えています。

そのぶん、1人の子どもに対する親の圧も強くなっていて、2023年の私立・国立中学の受験者数も受験率も過去最高になっています。

子ども全体の数は減っているのに、中学受験をする人の数は増えているのは、それだけ受験が過熱しているということです。

教育虐待を感じさせる家庭は、やはり子どもにとって安心な場所とは言えず、子どもの心の状態に多大な影響を与えます。

子どもがつらいと感じているときも、その親御さんは「子どものためにいいことをしている」と思ってやっていることも多くあります。

とくに高学歴の親御さんや社会的地位の高い親御さんの場合、「自分たちの成功は努力の結果である」という確信を持っていることが多いため、わが子に努力を強《し》いるのです。ただし、それは親から見た「子どものため」です。そうした価値観の押しつけが子どもにストレスを与えるということも往々にしてあるのです。

また、高学歴の親御さんほど「できて当たり前」ととらえるため、その子どもが苦しい思いを抱える傾向にあります。

勉強で親が満足するような成績を収めなければ、子どもに強くあたってしまったり、なんらかの罰を与えたりするようであれば、それこそ虐待です。

「子どもの将来のため」と言いながら、無理なスケジュールで受験勉強をさせるなど、いきすぎた教育方針を子どもに突きとおした結果、子どもが精神的に追い込まれるケースもあります。

そうした親御さんは、自分たちが子どもに心理的な虐待を行っているという自覚はないことがほとんどです。

むしろ、子どもによかれと思ってしていることも少なくありません。

親であるかぎり、だれしもが「毒親」になる可能性があるからこそ

児童精神科医として客観的にみているから言えることかもしれませんが、親であるかぎり、だれしもがいわゆる「毒親《どくおや》」の要素を持っていると私は思っています。

肉体的に虐待するわけではないし、育児放棄《ほうき》をするわけでもない、精神的に貶《おとし》めることもないけれど、過剰なおせっかいや支配的な過干渉を続けるのも「毒親」と言っていいでしょう。

私は本当は「毒親」という言葉はあまり使いたくないのですが、その要素がゼロという完ぺきな親はいませんし、またそれを目指すのも息苦しくなってしまいます。

結局、「子育てはこうあるべき」とか「親はこうあるべき」といった「あるべき姿」を目指せば目指すほど、親も苦しくなり、子どもも追いつめられていく。

そして、「子どものため」がすなわち愛情かというと、そんなことはありません。

親の価値観を子どもに押しつけていないか、それで子どもが苦しんでいないかをしっかり見極めることが大切です。

まず、「親の子どもへの行きすぎた期待」が子どもを苦しめることもある、ということを知ってほしいと思っています。

児童精神科医のつぶやき

「親の期待」が子どもの心を追い込むことも

子どもの心の声 33

それって私が本当に思っていること？

親もだれかの価値観にひきずられている

お母さんの頭の中というのは、大きな部分が子どものことで埋め尽くされているのではないでしょうか。

子どもの年齢にもよるとは思いますが、子どもの発達具合や、勉強についてはとくに不安に思っている方も多いと思います。

子どもがはじめて歩いたときにその成長を喜ぶように、子どもの学力が伸びれば親がうれしく感じるのは当然のことです。

親が教育に力を入れることによって、子どもの基礎学力が上がることや勉強する習慣が身につくということもあるでしょう。

でも、やはり、その子に合っている教育や声かけをしなければ、その熱意は、ときにまちがった方向に進みかねません。

私が生まれたころの昭和時代には、成績がよければ人間としての価値があるとか、学歴が高いから価値があるとか、給料の高い人は価値が高いといった価値観を多くの人が持っていました。

私の母にも強い学歴信仰があり、それはこうした時代背景に強く影響を受けていたからでしょう。

ただ、私にとって救いだったのは、父が母とはちがう価値観を持っていたことです。

私が塾でよい成績を取れば、母は「すごいわね！」と大喜びするという反応です。

それに対して、父は、勉強ができるからいいということはないし、私は4月生まれなので、成長が早いのだから「できて当然だ」と冷めた目で見ているところがあって、私はそのことにどこかで救われている気がしていました。

また父は、子どもが医師になるという目標についても、「自分がなりたかったらなればいいし、なりたくなかったらなる必要はまったくない」と言っていました。

もしも父も母と同じような価値観を持っていたら、私に対する期待もさらに強くなり、プレッシャーに押しつぶされていただろうと想像します。

両親がそれぞれにちがう価値観を持っていたことは、私たちきょうだいにとっては救いだったと言えるのかもしれません。

自分の育てられた価値観を気づかないうちに子どもに向けていることも

気をつけなければいけないのは、価値観というのは自分でも気づかないうちに自分が育てられた価値観に似てしまうことがあるということです。

私も、わが子に充実した教育を用意してあげることが「いい子育て」だと、はじめは思い込んでいました。

長女が小さいころは、公文やピアノ、バレエなどの習いごとで週のスケジュールを埋め尽くしていたのです。

でもあるとき、ふと思ったのです。それは、私自身が自分の親にしてもらっていたことだと。

自分でも気づかないまま、親から受け継いだ価値観を自分の子どもに押しつけようとしていたわけです（ただし、いろいろな教育方針があり、習いごとをたくさんすること自体の是非は一概には言えませんが）。

のちにそれに気づいたことで、自分の行動を振り返り、「子どもにとって本当に大切なこと」とはどんなものなのかを考えるようになりました。

だからこそ、この本を読んでいるお母さんは一度自分に問いかけてほしいのです。

その価値観はいったいどこからきているのか。その価値観で子どもを苦しめていないか、と。

児童精神科医のつぶやき

自分の価値観はだれかに
引きずられていないか、
それで子どもを苦しめていないか

子どもの心の声 34

もっと私の気持ち、受けとめてほしい

「愛情」を通り越して「支配」になっていませんか

「あなたが将来、困らないように言ってあげているのよ」

子どものためを思ってと、そんな言葉を使いがちですが、そうやって子どもに自分の価値観を押しつけていないでしょうか。

たとえば、子どもが習いごとをやめたいと言い出したとき、親は困ってしまうことがあります。

親はなんとか続けさせたい、やめさせたくないと思っても、本人のやる気がない場合は無理して続けさせるのは大変です。

そういうときには、子どもというのは先の見通しが立てられないこともありますから、「これを続けていたら、○○にいいかもしれない」「将来は○○に役立つかもしれない」など、まずは続けることのメリットを教えてあげるといいでしょう。

そのうえで、そこからどうするかは子ども自身に決めてもらったらいいと思っています。ある程度の情報を与えたら、あとは子ども自身に判断を委ねるということです。

かくいう私も、長女が習いごとのバレエに行きたくないと言いはじめたときは、最初は受けとめることができませんでした。

娘の踊っている姿が大好きだったからです。

長女自身もバレエ自体は大好きで家でも踊っていたほどですが、発達特性でもある感覚の過敏さから、それまではけていたバレエのタイツがはけなくなってしまったのです。

バレエはしたいけれど、タイツがはけずレッスンに行けない。

そこで、先生に相談して、「タイツをはかなくてもいいですよ」と言ってもらったものの、長女のこだわりのある性格から「みんなと同じタイツをはかずにレッスンに参加するのはいや!」と。

泣き叫ぶ長女を無理やりレッスンに連れて行った日もありました。

そんな日が何度か続いたある日、娘がいやだと言っているのに無理やり連れて行くのは、ある種の虐待じゃないかとハッとしました。

バレエをするならレッスンに通わせないと、せっかくバレエをやるなら上手にさせてあげないと、いい先生につかせてあげないと、と勝手に私が思い込んでいたことに気づいたんですよね。

それは私のエゴだったなと思ったのです。

長女が本当にバレエが好きだったら、家でYouTubeを見ながら踊ったっていいし、自分が踊らなくても、公演などを見るバレエの楽しみ方だってある、と思ったのです。

だから、長女に「いやだったのに、無理やり連れて行ってごめんね」と素直に謝りました。

「こんなふうに育ってほしい」という親の期待を子どもに押しつけて、それに子どもが見合わない行動をしたら腹を立てるというのは、やはり親の身勝手な価値観の押しつけです。

自分では愛情ゆえの行為と思ってやっているのかもしれませんが、「愛情」を通り越して「支配」になっていることも。

自分の行為は価値観の押しつけになっていないか、よく考えてみてほしいのです。

児童精神科医のつぶやき

▼

自分の言動が支配的になっていないか、振り返る習慣を

子どもの心の声 35

親の理想や夢を押しつけないで

親の夢は子どもの夢ではない

子どもに過干渉になる親御さんの中には、自分たちの夢や理想を子どもに託すケースもあります。

たとえば、偏差値の高い大学に行ってほしいとか、安定している大企業に勤めてほしい、などです。

「父親が医者だから、わが子も医者に」というのはよくある話ですが、わが家もそうでした。正確には父の希望ではなく、母の強い希望でした。

「子どもたちを医者にしたい」という母の強い思いがあって、兄も姉も私も、小学校のころから猛勉強をしていました。

母は教育熱心だったので、わが家では勉強がすべて。

たとえば私が料理に興味を持っても、「勉強さえしていればいいから」と言われて、やらせてもらえませんでした。

結局、母に機嫌《きげん》よくいてもらうためには、子どもたちが勉強するのが一番よかったのです。

そして、小学1年生から進学塾に通っていた私は、4年生のときに塾の全国テストで1位を取ったり、偏差値75までいくなど、母を大喜びさせるほど成績が上がりました。

当然、母は私に盛大な期待をします。でも、それが私の苦しみのはじまりでした。

当時は5年生になると、中学受験に備えて優秀な子たちが一斉に塾に入ってきます。それにともない、私の成績はみるみる下がっていきました。

それまで私がいい成績を取れていたのは塾生の母数が少なかったからで、そこまで学力が高いわけではなかったのです。

でも、私はそのことを受け入れられず、情けない話ですが、塾のテストでカンニングをすることもありました。

成績が下がって母親が不機嫌になるのが怖くて、嘘でもいいから自分の成績を下げたくなかったのです。

母は子どもに怒鳴るとか、暴力を振るうということはなかったのですが、目に見えて不機嫌になったり、「やればできるのに情けない」と言われたりするのが、子どもの私にとってはつらくてたまりませんでした。


その後、中学はなんとか第一志望の進学校に入学できたのですが、そのときの私の思いは「なんとか生き延びた……」という感じです。

かろうじて入学できた中学と高校では、ずっと落ちこぼれでした。

このころは表面的には友だちもたくさんいて、楽しくすごしていたのですが、心のどこかで、なんとなく消えてしまいたいなと思うことも多かったです。

中学と高校では成績が悪かったので、「自分はなんのために生きているのか」「私が生きている価値なんてない」と漠然と感じていました。

高校3年生のときには、医学部を受けられるような成績ではなかったため、理工学部か看護学部を受けようとしましたが、それも母は猛反対。

本当は国立大の医学部を目指していたけれど、結局、1年浪人したあとに私立大学の医学部に進学しました。

もともと私の母は家族に対する愛情がとても深い人で、両親の仲もよく、家庭の雰囲気は悪くありませんでした。

ただ、子どもの教育に関してだけは過剰だったと感じています。

それは、母自身のコンプレックスが関係していたと思っています。

母はもともと薬剤師でした。学力が届けば医学部に入りたかったようで、薬剤師になったことを後悔していました。「お母さんは、あなたたちに同じ後悔をさせたくないのよ」と、よく言っていました。

また、わが家の場合、親せきに医師が多かったことも、母の教育熱に拍車をかけていたと思います。

でも、親の夢は子どもの夢ではありませんよね。

私の母は医師になれなかったことを後悔したかもしれないけれど、母と私は別の人間です。

親は親、子は子です。親の「こうあってほしい」は、子どもにとってはそうではないかもしれないし、親が叶えられなかった人生を子どもに託すのは、子どもにとっては大きな負担になりえるのです。

「あなたはもっとできるはず」という呪縛《じゅばく》

子どものころ、よく母親からかけられていた「あなたはもっとできるはず」「もっとがんばって」という言葉を聞くたび、「がんばれない自分は情けないんだ」と思っていました。

大人になってからカウンセリングを受けたとき（精神科医でもカウンセリングを受けることがあります）、当時の私は母になんと言ってほしかったかと考えてみたのですが、それは、「勉強できなくてもいいんだよ」という言葉でした。

今も、中学受験のために、小学生のうちからがんばっているご家庭もあると思います。

もちろん、がんばりたくてがんばっている子を否定するつもりはまったくありません。

それに私自身、あのときにがんばったから今の自分があります。精神科医になって本当によかった、とも思っています。

ただ、やはり親の夢や理想を子どもに押しつけてしまっていないかということは、今一度振り返ってみてください。

なにより、勉強ができてもできなくても、あなたの存在価値は変わらないというメッセージを、子どもにぜひ伝えてあげてほしいのです。

児童精神科医のつぶやき

親の「こうあってほしい」を子どもに託さないで

子どもの心の声 36

なんで私の声を聞いてくれないの？

子どものキャンバスを親の色で染めないで

過干渉な親の中には、子どもが絵を描いたら「ここには、この色を塗ったらいいんじゃない？」「もう少しこうしたら、もっと太陽っぽく見えるんじゃない？」などと横から口を出す人もいます。

でも、たとえ親から見て下手な絵だと感じたとしても、やはり絵は自分で描かなければ納得できませんよね。

その子には、その子なりの感じ方や世界があります。

子どものキャンバスを親の色に染めてはいけないのです。

私自身、人生の前半をなかなか自分で舵取りができた感覚がなかったからこそ、自分の娘たちのキャンバスは私の価値観で染めたくないし、子ども自身の考えで人生を歩んでいってほしいと思っています。

虐待はけっして他人事ではありません

過干渉が高じれば、親が自分で気づかないうちに教育虐待レベルまでいってしまうこともあります。

患者さんの中には、心理的虐待と言えるほどの厳しいしつけや過干渉を受け続けて、「親から逃げ出さなきゃ、自分が壊れてしまう」「親を殺して自分も死にたい」とまで、親を恨んでいる方もいます。

夜中、親が寝ているときに包丁を持って刺そうとして、でも思いとどまった、と号泣しながら話してくれた男性もいました。

「もう親を殺さなければ、自分が存在できるとは思えなかった」と言って。

2018年に、自分の母親から「医学部に行って、絶対に医者になりなさい」と激しい教育虐待を受けていた女性が母親を殺害してしまった事件（滋賀医科大学生母親殺害事件）が起こりました。

もともと真面目で成績のよかったこの女性は、医大に合格するために9年間も浪人させられていたそうですから、母親の異常な学歴信仰や執着心がうかがえます。

少しでも成績が下がれば、包丁で脅《おど》す、熱湯を浴びせる、鉄パイプで殴るなどの暴行を受け、逃げれば警察に捜索願を出されて引き戻されるなど、熾烈《しれつ》な教育虐待を受けていたそうです。

まさに教育虐待の成れの果てと言える事件ですが、精神科医の視点でみると、この事件の親子はどちらも救うべき存在、救われるべき存在です。医療には加害者も被害者も関係ないのです。

そしてこの事件は、現代の日本に生きる私たち1人ひとりにとっても、けっして他人事ではありません。

子どもは親の所有物ではないのです。
親は、自分の価値観を子どもに押しつけていないか、過度な期待を子どもにかけていないか、子どもが苦しんでいないかを、常に振り返る必要があります。

児童精神科医のつぶやき

子どもは親の所有物ではありません

子どもの心の声 37

お母さんの言うとおりにすればまちがいないの？

子ども自身が自分の人生を選ぶこと

ある私立小学校の入学試験で、必死になっているお母さんたちの姿を見たことがあります。

中には「これだけ受験にお金を使ったのに、落ちたのは自分のせいだ」と言って泣き崩れている方もいました。母親の自分がちゃんと勉強させなかったからだ、と。

私はその光景を見て、人生の主役が入れ替わってしまっているような気がしました。

子どもには子どもの人生があるのに、親が子どもの主体性を奪ってしまっていると。

親が子どもの主体性を奪ってしまうと、子どもは自分で考えて、自分の人生を選ぶことができなくなります。

以前、出会ったあるお母さんは、自分には稼ぐ力がなくて、稼ぐ夫に意見が言えないから、自分の娘には絶対に経済力のある仕事に就かせたいし、できれば医者にしたいと言っていました。

そのとき、お子さんはまだ幼稚園児でした。

たしかに女性が経済的に自立して生きていくことは大事なことですが、母親の価値観を幼い子どもに押しつけるのは危険です。

どんな職業でも、なれたからといって、その後の人生がうまくいくとはかぎりません。医師になってからも苦労する人もいれば、中にはやめる人もいます。実際、医学部在学中に自殺をする学生もいます。

自分で考えて、自分の足で生きていくという感覚がなかったら、どんな職業に就いても精神的につぶれてしまうことがあるのです。

大事なのは、子ども自身が自分の人生を選びとっていくことではないでしょうか。

自分の人生の山を、自分の足で歩く

私の母は、よく子どもたちに「お母さんの言うとおりにしておけばまちがいない」と言っていました。

私自身、小さいころはそうだと思っていたし、そう言われて安心もしたものでした。

自分でどうしたらいいかをいちいち考えなくてもいいし、失敗したら親のせいにもできます。

でも大学生になってから、「私はこれまで、母の人生の山を登ってきたんだな」と思うようになりました。

自分の人生の山を登ってこなかったことに気づいたのです。

成人してからも「自分ってなんのために生きているんだろう」とか、「私なんて、もう消えてしまってもいいんじゃないか」などと苦しむことがときどきありました。

その後も母の干渉は続き、とくに姉と私の仕事選びや住む場所、交際相手、結婚相手など、すべてを把握しておきたい母は、さまざまなことに口を出しました。

そんな私がはじめて親に反抗したのは、35歳をすぎてからです。

親の猛反対を押し切って、勤務していた病院をやめてクリニックを開業したときでした。

恥ずかしながら、それが人生ではじめて親に反抗した体験でした。それまでは、なんでも「イエス」と答える「いい子」だったのです。

親から決められたことをやっていたら、いつまでも自分の軸で生きられませんし、失敗しても親のせいにできてしまいます。

でも、自分で決めたことなら、どうなったとしても自分の責任です。

独立するには大きな覚悟が必要でしたが、それ以来、私はようやく自分の人生の山を登っていると感じることができるようになりました。

子どもが小さなころは、ある程度は親が舵取りをする必要があるかもしれません。

親が食べるものや着るものを用意してあげなければ子どもはなにもできませんし、学校や習いごとなども自分で選ばせるのは難しいかもしれません。

成長段階のある時期までは、親が子どもの舵取りをすることで、子どもは安心感を得られます。

でも、少しずつ子どもの自立心を育てていくことも忘れてはいけません。

大人になる過程では、むしろ自分で自分の人生の舵取りをしていくのだという自立心が生きていくうえでの自信を育みます。

自分で考え、自分で選び、自分で挑戦してみる。その積み重ねが、自分自身に対する信頼感を育て、「自分をコントロールできる」という安心感につながっていくのです。

児童精神科医のつぶやき

勇気を出して子どもを手放していこう

子どもの心の声 38

今日はお母さんの機嫌どうかな？

勉強ができなければ、お母さんの理想の子どもではなくなる？

親との関係に悩む子どもの多くは、親の顔色を気にしています。

私自身もそうでした。

4月生まれの私は幼稚園ではクラスの中でも成長が早く、お遊戯会《ゆうぎかい》でも主役をもらうなど、目立つ存在でした。

今振り返るとその根底には、親が喜んでくれるとか、担任の先生にほめられるのをいつも意識しているところがあったと思います。

子ども時代の私は、母の顔色ばかりうかがっていて、優等生の「いい子キャラ」をつくってては親の評価を気にしまくっていました。

昔から明るい性格で友だちも多かったと自分でも思っているのですが、さきほども触れたように、内面では苦しんでいることもありました。

勉強ができなくなったら、お母さんの理想の子どもではなくなり、親をがっかりさせてしまうと思っていたからです。

実際はそんなことはなかったと思いますが、当時は本気でそう思っていました。

私は大人になってからも、親の顔色をうかがっていました。

浪人をしてなんとか医大に入り、医師の国家試験に合格したときは真っ先に母の顔が浮かびました。

うれしさもありましたが、これでやっと母の顔色をうかがわなくてすむ、母から解放されると思ってホッとしたのです。

研修医の2年目に、国立大の医学部出身の元夫を結婚相手に選んだのは、今振り返れば、「国立大の医学部に受かる」という自分と母の果たせなかった夢が影響していたと思っています。

その後、元夫とはうまくいかず、離婚することになりました。

原因はひとつではありませんが、私と母の共依存的な関係が大きな原因だったと反省しています。

結局、私は医師になってからも、親の期待に応えようとし続けていたのです。


私がようやく親の敷いたレールから抜け出せたと感じたのは、さきほども触れたように、親の猛反対を押し切ってクリニックを開業したときです。

反対する親に、泣いて自分の思いを訴えたのが私の人生初の反抗で、それは人生が変わる大きな転機にもなりました。

このときは母だけでなく、父からも猛反対されましたが、親たちの言う「今は仕事なんかしている場合じゃない。不登校の娘に付き添って、なんとしてでも学校に連れて行くべきだ」という言葉に従うことはできませんでした。

親の顔色をうかがわずに、自分らしくいてほしい

親子関係ではいろいろ苦労しましたが、結果的に医師になることができ、今、私は精神科医を自分の天職だと思っています。

苦しかった子ども時代も、親との葛藤《かっとう》も、出産も離婚も、子どもの不登校も、子どもの発達障害も、これまでの経験すべてが精神科医の仕事に活かされていると感じるからです。

中でも、長女の不登校は私にいろいろなことを考えさせ、気づかせてくれるきっかけになりました。

なんでもそつなくこなし、目立つ存在だった私とはちがい、長女は幼稚園のお遊戯会では舞台にすら立てませんでした。

ほかの子どもがみな踊っているのに、長女は困った顔をして舞台で棒立ちになっていました。

その姿を見て、はじめは「どうしてうちの子だけできないんだろう……」と胸がしめつけられるような気持ちになったこともありました。

が、その横で「お母さん、私うまくできたでしょ？」とうれしそうに言っているほかの子を見て、過去の母の顔色をうかがっていた自分と重なりました。

そしてふと冷静になってみると、長女には、親の私にいい顔をしようとか、私にほめてもらいたいという欲求がないんだなと思ったのです。

つまり、自分がいい子でいなければ親に嫌われるとは思っていない、ということです。

長女は、親が自分のすべてを受けとめてくれると信じているとも言えますから、もしかしたら、自分がやりたかった子育てができているのかもしれないと思いました。

その気づきは、私にとって大きな救いになりました。

そういう経験があったからこそ、私は学歴重視のような子育てをやめよう、子どものありのままを愛したいと思うようになったのです。

しかし、そうは言っても自分の子が、まわりの子と同じことができない姿を見ては、何度となく「なぜ、うちの子だけ（できないの）？」と思っては、夜中に1人で泣いていました。

ただ精神科医としての一面も顔を出したのか、そう感じるたびに、自分のこれまで生きてきた価値観の根底には、なにがあるのかを徹底的に振り返りました。

「女の子だからピアノは習わせるべきだ」

「みんなよりできて当然だ」

「学校は行かせるべきだ」

「中学受験をして、よい環境に身を置かせるべきだ」

などなど。

そして、そんな価値観を持つ自分を責めるのではなく、「ああ、私って、こんなふうにがんばって生きてきたんだな。もう、そんなにがんばらなくていいよ。そのままの私で生きていったっていいじゃん」と、自分自身に語りかけるという訓練をひたすら繰り返しました。

ただ、これは1日、2日の話ではありません。ひたすら1年、2年と繰り返し行いました。

そうしたら、なんと長女が学校に行っていなくても、一日中ゲームをしてすごす日があっても、ただただ娘たちの存在が愛おしいと思うようになっていったのです。
そうして考えが変わってきたら、自然に自分のことも昔より好きになることができたんですよね。

児童精神科医のつぶやき

子どもの人生はだれのもの？
子ども自身が舵取りする人生に

子どもの心の声 39

どうしても親の評価が気になっちゃう

親子で適度な距離を保つことも必要

クリニックを開業して3年が経った今、両親との関係もおだやかになり、母には子どもの世話やお迎えなどをやってもらうこともあります。

それには感謝する一方で、私は母との距離が近くなりすぎないように意識しています。母はとくに愛情が深く、いろいろと心配しすぎるところがあるので、適度な距離を保つほうが、私が母に優しくなれるからです。

程度にもよりますが、自分が親の言動に触れると精神的につらくなると感じるのであれば、たとえ親であっても、会わない、連絡をとらないという選択をしてもいいと私は思っています。

親にそんな態度はとれないとおっしゃる方も多いですが、これまで苦しんできた方ならなおさら、まずは自分を一番大切にしてください。

「こうすべき」という価値観にしばられず、親との関係性を俯瞰《ふかん》的にとらえたうえで、自分にとって心地いい親との距離感を見つけることが大切です。

親との葛藤《かっとう》を経験した人は、「親の育て方のせいで、自分がこうなった」と親の責任を追及しがちです。

もちろん自分の感情を整理するうえで、「ああいうふうに育てられたら、こんなふうに考えちゃうのはしかたがないな」と自分を理解するために、そうとらえることもあると思うのですが、親への恨みだけで人生を消耗するのはおすすめしません。

親は親で、そのまた親の影響を濃く受けて育ってきているわけなので、犯人探しをしてもキリがないですし、時代背景も大きく影響するものです。

だれが正しいとかだれがまちがっているとかではなく、自分という1人の人間の心を分析するために、親子関係を冷静に振り返ったら、いったん横にその話題をおいて、「じゃあ、これから私はどう生きていこうかな」と考えていくことをおすすめします。

親の評価の話に戻ると、基本的に、子どもというのは自分の親から期待されればうれしく感じ、ほめられれば誇らしく感じるものです。

ですから、子どもが親の顔色をうかがうこと自体は必ずしも悪いことだとは思いません。でも、いつも親の評価ばかり気にしているようであれば、少し注意が必要です。

私も1人の親として、愛情がまちがった方向にいっていないか、コントロールしようとしていないか、ときどき振り返ってみて気をつけるようにしています。

児童精神科医のつぶやき

愛情がまちがった方向にいっていないか、ときどき振り返ってみて

第6章

子どもは受け入れてほしい

子どもの心の声 40

勝手に期待して、勝手にがっかりしないで

「ほめる」というのは、ときに上下関係を感じさせることも

「こんないい点数を取れて、えらいね。次もがんばってね」

私は子どものころ、母親からこんな言葉をかけられて育ちました。

母からほめられることはとてもうれしかったし、お調子者の私は自分のことを「天才かも？」と思っていた時期もありました。

ただ、それも長くは続きませんでした。

成績が落ちてくると、「今度はがんばりなさいよ。あなたはできる子なんだから」とい

う母の声かけに、思うように成績が伸びない情けなさを感じつつ、しだいに苦しくなっていきました。

親というのは、ほめたり、期待したりすることで子どもをコントロールしようとすることがあります。

いや、正確に言えば、コントロールしようと思ってしている大人はほとんどいませんよね。

子どもの成長につながればと、よかれと思ってやったことが、結果的にコントロールをしているような関係性になってしまっているのです。

善悪の判断の理解を促すために、よい行動に着目して増やしていくというのはとても大切な要素ではあるものの、子どもがある程度成長して、善悪の判断ができるようになったあとは、「ほめる」という行動にも注意が必要です。

親は無意識でやっていることだとしても、ほめる言葉であっても、子どもの心が追いつめられていくことがあるのです。

子どもが親の思いどおりになったらほめ、思いどおりにならなければほめないということは、親が子どもを「ほめる」という行動の有無によって子どもをコントロールしている状態だからです。

ほめるという行為には、上の人が下の人を評価するという側面があります。

子ども自身も、親からほめられることを気にするようになり、自分の中にある「これをやりたい」というモチベーションよりも、「親にほめられるためにやりたい」というモチベーションのほうが優先順位が上になってしまったら心配です。

でも親としては、子どもがなにかできたら「えらいね、よくがんばったね」とついほめてしまいたくなりますよね。

そんなときは、子どもをほめるのではなく、感心するという表現方法があります。

子どもがやっていることがすごいと思ったら、上から評価するのではなく、対等な目線で「すごいね」「よかったね」「素敵なものができたね」と感心するのです。

400メートルハードルの元選手の為末大《ためすえだい》さんのお母さんは、為末さんが陸上でよい結果を出したとき、いつもほめずに感心していたそうです。

為末さんが自分の母親について触れている内容が大変興味深いので、「note」の文章から少し引用させてください。

「例えば中学校で全国大会で優勝した時に、家に帰ったらよくやったね偉いではなく、あんたはそんなことができるんかすごいのう、という反応だった。褒めたり叱ったりされるのではなく、そこに一人の人間がいてひたすらに感心していたのが記憶に残っている」

「感心する母に育てられて何がよかったかといえば、私は何かを決断する際に母を一度も気にすることがなかった」

「母親に褒められようと頑張るということが一度もなかった。私はただ私が頑張りたいから頑張っていた」

(Dai Tamesue 為末大 note「感心すること2015年03月06日」より)

だれかがだれかに感心するとき、そこには尊敬の念があります。

相手が子どもであっても、いいと思う部分は素直に賞賛し、相手のことを尊重する。
親と子の関係でも、こうした態度が大事だと思うのです。

児童精神科医
のつぶやき

▼

親子であっても1人の人間同士。
対等な目線で、気持ちを伝え合おう

子どもの心の声 41

その期待が重い

期待するより、応援するというスタンスで

教育熱心な親御さんは、子どもによく「あなたに期待しているから」などと言いますが、こうした期待も子どもをひそかに縛りつけることがあるのです。

親が子どもに期待するのは、一見悪いことではないように思えます。まったく期待されないよりは期待されたほうがいい、と思う方もいるかもしれません。

ただ、期待というのは、期待に応えられなかったときに相手をがっかりさせてしまうものです。

子どもにとって親の期待に応えられないというのは、「親から見捨てられてしまうかも

しれない」という不安に結びつくことがあるのです。

ですから、私は「期待」よりも「応援」というスタンスがいいと思っています。「期待している」という言葉には言っている側が描いた理想や希望が込められていて、いわば、それを相手に押しつけている状態です。

その理想や希望が叶えられなければ、「裏切られた」とか「失望した」ということになってしまいます。

勝手に期待されて、勝手に失望されたら、子どもにしてみたら、たまったもんじゃありませんよね。

一方、「応援している」の言葉は、言われる側が主人公です。

その人を横で見守って、支えるイメージです。

ですから、私は自分の子どもたちにも「ママは期待している」ではなく、「ママはいつも応援してるからね」と言っています。

クリニックに来る子どもたちや学生の患者さんたちが試験や就職活動に臨むときにも、

「先生も応援してるね」と言って送り出しています。

以前、こういうことをYouTubeでお話ししたとき、「子どもを叱らない、ほめない、期待しないということであれば、親はなにもしないほうがいいということですか？」と聞かれたことがあります。

なにもしなくても、お母さんがそばで笑っていること。それがなによりの応援です。

そうして親と子が上下の関係ではなく、お互いに人として尊重し合える関係性を築いてほしいと思っています。

児童精神科医のつぶやき

親の期待で子どもをコントロールしないで

子どもの心の声 42

なにもできない自分には、生きる価値なんて……

人間の「価値」ってなんだろう

成績がよければほめられ、悪ければ怒られるということが続くと、他人の評価や価値観に振り回されやすくなり、ありのままの自分を肯定できなくなります。

なにかあるたびに、「やっぱり自分はダメなんだ」と自信がグラついてしまうのです。

まだ社会にも出ていない子どもが「自分には価値がないのではないか」と悩んでいたら、さまざまな挑戦や失敗から学んで成長していくことはできません。

やはり、子どもには「なにかができないからと言って、価値がないということはない」と伝えてあげてほしいと思っています。

勉強ができるから「価値」があるとか、だれかと比べて優れているから「価値」があるということではなく、子どもの存在そのものを受け入れることが、子どもが生きていくうえでもっとも大切なことです。

あるとき、クリニックに「吐いてしまうかもしれない」「吐いたらどうしよう」ということが不安で、給食を食べられなくなった中学生の男の子がお母さんとやって来ました。その子は、実際には吐いたことはないのですが、自分が吐くこと、とくに人前で吐くことを過度に恐れていました。

嘔吐恐怖症《おうときょうふしょう》といって、不安症のひとつです。

その子は部活でバスケットボールをしていましたが、ご飯や給食が食べられなくなり体重も減ってしまったため、お母さんがあわてて診察室に連れて来られたのです。

診察をしていて気になったのは、お母さんのその子への関わり方です。

お母さんはもともと不安の強い方で、なにかと心配になり、「大丈夫だった？　給食は食べられた？　どれだけ食べられたの？」と子どもを問い詰めてしまうそうです。

それだけでなく、子どものできていないところが目についてしまい、学校の準備や宿題などについてもいちいち聞かないと気がすまないのだと言います。

でも、お母さんがいつも不安そうにあれこれ質問攻めにしていると、子どもは不安に思っていなかったことまで不安に思ってしまいます。

たとえば、休み時間、1人でのんびりすごすのが好きな子どもに、お母さんから「ちゃんと休み時間は友だちと遊んでる？　仲間はずれにされたりしてない？　だれと遊んでるの？　その子は性格がいい子なの？　いじめられたりしてない？」と、質問攻めにされたらどんな気分になると思いますか？

そこにはお母さんの中で、友だちとは仲よくしなきゃいけない、という不安が込められているのです。

また、その男の子が体力的にも精神的にもつらそうだったので、私がしばらく部活を休むことを提案すると、子どもよりお母さんが不安げな表情をされていました。

せっかくここまでがんばってバスケットボールが上手になったのに、やめたらこの子になにが残るのか、やめてしまっては選手の座が奪われてしまう、休んだら二度と戻れなくなってしまうんじゃないか、などの不安が込み上げてきたのでしょう。「この子は、これからなにを支えに生きていけばいいんですか?」とおっしゃるのです。

バスケットが上手だからその子に価値があるわけではありません。

そうではないところにも、その子の価値はたくさんあるはずなのに、お母さんがその子からバスケットがなくなってしまうことが不安でしかたがない様子でした。

一生バスケットをやめなさい、と言うつもりはこちらもありません。

ただ、今は心が疲れているから、いったん離れましょう、という意味です。

離れて、冷静に俯瞰して状況を見られるようになることは、ときにとても大切です。

「急がば回れ」ということわざは、ときに精神疾患の回復のうえで、とても威力を発揮することがあります。

病気を治したい、治さなきゃ、こんな精神疾患になった私はダメなんだとあせるよりも、「そんなこともあるよね。今はゆっくり休もう」と病気を受け入れたほうが、早く回復することがあるのです。

親があせればあせるほど、子どもの気持ちの回復が遅くなることもある

いろんな事情で学校に行けなくなることがあります。

1日でも早く学校に行かせないと、とあせる親御さんの家庭よりも、「ま、人生そんなときもあるよね、また行きたくなったら行ったらいいさ」とドンとおだやかにかまえる親御さんの家庭のほうが、早く学校に戻れるというケースをたくさんみてきました。

親があせればあせるほど、子どもの回復が遅くなることがあるのです。

さきほどの子のケースでは、私は時間が許すときはお母さんともじっくりお話をし、お母さんがあせらぬよう、お母さんの不安について言語化していくことを繰り返しました。すると、徐々にお母さんの不安もやわらいでいき、その子も徐々にご飯が食べられるように回復していきました。

やはり、大事なのは、子どもの存在そのものを認めることです。

この子はなにかができるから価値がある、がんばれるから価値がある、いつもいい子だから価値があるということではなく、そこにいてくれるだけで価値があると認めてほしいのです。

児童精神科医
のつぶやき

子どもが生きていくうえで
もっとも大切なのは、
存在そのものを認めること

子どもの心の声 43

お母さんの思うような子になれなくてごめんね

成長を願う気持ちが、いつの間にかプレッシャーに

私は長女が産まれてすぐに、アメリカに住んでいたことがあり、よく聞いた言葉があります。

それは、親が頻繁に子どもへかける「I'm proud of you.」という言葉です。これは私がとても好きな言葉のひとつです。

アメリカでは、ちょっとしたお遊戯会や発表会などでも、「I'm so proud of you!」と満面の笑顔で子どもに駆け寄る親の姿をよく見かけたものでした。

直訳すると「あなたを誇りに思う」なので、最初は「ずいぶん大げさだな」と思ったの

ですが、アメリカでは「すごいね！」「お母さんもうれしいよ！」という感じで、とてもカジュアルに使われています（相手が子ども以外でも使います）。

結果はどうであっても相手が努力したことを認め、あなたの存在そのものに価値があるというニュアンスが込められているように私は感じました。


でも、日本人はこういう言葉をなかなか口にはしませんよね。

わが子の存在はもちろん大切だけれど、そんな当たり前のことは言わなくても子どもには伝わっているはずだ、と思っている親御さんが多いのではないでしょうか。

でも、子どもというのは、その当たり前のことを言われればうれしいし、安心するし、生きる力が湧いてくるのです。


私のこの話を聞いて、ちょっと勇気を出して子どもたちに言ってみようと思った、あるお母さんが、なにかの拍子に子どもたちに「お母さんは、あなたたちが一番大事だからね」と、なにげなく言ったそうです。

すると、子どもたちは「えっ、そうなの？　ほんとに？」と驚いてすごくうれしそうな顔をしていたそうです。

そのお母さんは、「そんな当たり前のことはあえて言わなくていいと思っていたけれど、こんなにうれしそうにするのか！」とびっくりしたそうです。


子どもの存在そのものを肯定して、ただ、そこにいてくれることが幸せ、と伝える。

そうした親の声がけによって、子どもは自分自身をかけがえのない存在として肯定することができるようになるのです。


私も子どもたちに「あなたたちのママになれて幸せだわ」とか「あなたが大切」と毎日のように伝えています。

子どもたちは、そんな私がちょっとくどいらしく「はいはい、わかってます」などと軽くスルーするのですが、それでもやはり、うれしそうな顔をしています。

もちろん、急に子どもにそんなことを言うのは恥ずかしくて、なかなか難しいと思う方もいるかもしれません。

でも、自分なりの言葉でいいので「I'm proud of you.（あなたを誇りに思うよ）」という気持ちを伝えてほしいのです。

もしちょっと照れるとしたら、口頭でなくても。

あるお母さんは、高校生の子に「あなたがいてくれて幸せ」と手紙で伝えたところ、お子さんはすごく照れながらも喜んでくれたそうです。

なにかをがんばったから「すごいね」「えらいね」とほめるのではなく、なにげない日常で、あなたがいることがすばらしいことなのだ、誇らしいことなのだとどうか伝えてみてください。

児童精神科医のつぶやき

「あなたを誇りに思うよ」というメッセージを伝えてください

子どもの心の声 44

学校に行けない自分はダメな人間？

学校に行けても行けなくても、あなたの価値に変わりはない

クリニックには、学校に行けないお子さんとその親御さんも多く訪れます。

全国で不登校の小中学生は増え続け、２０２２年度は過去最多の約30万人になりました。

不登校のお子さんを連れて来る親御さんのほとんどは、自分の子どもがなぜ学校に行けないのか、どうしたら学校に行ってくれるのかと悩んでいます。

でも、この課題のゴールは学校に行くということなのでしょうか？

それぞれのご家庭の判断もあって、これといったひとつの答えはない問いですが、私は

不登校のお子さんがはじめて診察室に来たときには、まず「学校に行けても行けなくても、あなたの価値には変わりがないんだよ」と伝えています。

学校に行けたから人間としての価値がある、学校に行けないから価値がないということではない、行けても行けなくても、あなたの価値には変わりがない、ということをお子さん本人はもちろん、親御さんにもわかってもらいたいからです。

私自身、この考えにたどり着くまでにいろいろな葛藤や苦悩がありました。

わが家の長女は、小学校に入学して2か月ほどは問題なく学校に通えていました。

それが7月ごろから登校をいやがるようになりました。朝、学校へ行く時間になると学校に行くのをいやがったり、体調不良が起きたりする、いわゆる「登校渋滞（登校しぶり）」の状態です。

それでも、私や私の母が付き添いながら登校させる日々が続きます。

2年生になってからも、なんとか行ける日もありましたが、お休みすることがだんだん多くなっていきました。

学校に行けたり行けなかったりが1年間から2年間ほど続き、3年生の途中から不登校の状態になりました。

正直に言うと、学校に行ったり行かなかったりしていた時期は、心のどこかでまだ「学校に行けるんじゃないか」とか「学校に行ってくれたら」という期待も持っていました。というのも、私はシングルマザーで働いていますから、子どもが保育園や学校に行ってくれなければ仕事に行けません。小学校低学年の娘を1人で家に置いておくわけにはいかないという事情もありました（今は私の母に家に来てもらうなどの手配をしています）。

そもそも「学校に行くのは当然のこと」という意識が、私にもありました。

一方で、長女がはじめての場所や人に対する不安が非常に強く、集団生活にもなじみにくいことは幼稚園のころからわかっていました。

小学校もスムーズに行けたら奇跡だなと思っていたのですが、入学後の4月、5月に行けたことで「このまま行けるかも」と淡い期待を抱いてしまったのです。

また、今でこそ、不登校になった子の居場所は学校のほかにも複数あることを知っていますが、当時はあまり知らなかったため、「学校に行かなくてもいい」となかなか思うことができなかったというのが正直なところです。

だから私も、多くの親御さんと同じように「なんで、うちの子だけ行けないんだろう」と悩んでは泣いていました。

学校に行けなくて一番苦しんでいるのは子ども本人

長女に「なぜ、学校に行けないのか」を聞いてみたこともありますが、ただ「怖い」と言うだけで、だれが怖いとか、なにが怖いなどの具体的な話は出てきません。やはり、自分が慣れない環境に漠然と恐怖を感じるのかなぁと想像しています。

長女がとてもつらそうにしていたので、それ以上は聞くのをやめましたが、こういうときにモヤモヤしてしまう親御さんもやはり多いです。

モヤモヤするという意味では、前日の夜には「明日は行く」と言っていた子が、朝になったら「行けない」と言い出すこともよくあります。

朝になると表情が暗くなり、お腹が痛くなったり、気持ちが学校に向かず、玄関から一歩が踏み出せなかったりして、「やっぱり行けない」と言い出す。それで「昨日は行くって言ってたのに」「嘘をついたの？」などと親子でけんかになってしまうというのは、よくある話です。

嘘と言えば、以前、「うちの子は平気で嘘をつくんですよ」と困り果てて子どもをクリニックに連れて来られた方がいました。

子どもが嘘をつくというのは、とくに幼いために話をうまく伝えられないということも多分にあります。

小学生くらいになっての嘘は、子どもなりに理由があることも少なくありません。親に怒られるのが怖くて嘘をつくしかないという子どももいます。

単につじつまが合わないとか、話がよくわからないなどの理由で、「嘘はダメだ」と子どもを責めないでください。

長女が前夜は「学校に行く」と言っていたのに、翌朝、「やっぱりムリ」となったときは、私も長女が学校に行ってくれないと仕事に行けずに困るため、不機嫌になってしまったこともありました。

ただ、学校に行けない子どもたちは嘘をついているわけではありません。前日までは本当に行こうと思っていたけれども、朝になったらどうしても学校に気持ちが向かないというのはだれにでも起こりえることなのです。

学校に行けなかったある朝、長女が泣きそうな顔をしながら消え入りそうな声で「ママ、怒ってる?」と言うのを見て、私はハッとしました。

今、一番苦しんでいるのはこの子なのに、仕事に支障をきたしてしまうからと不機嫌な態度をとってさらに追いつめるなんて、私はなんてひどいことをしたんだろうと思うと、申し訳なくて涙が止まりませんでした。

わが子の不登校と向き合うことは、精神科医であっても、とても苦しい時間でもありました。

私もよく解決策を聞かれますが、「こうしたら学校に行けるようになる」という特効薬はありません。

ただ、断言できるのは、やはり親がそのことで苦しんでいる場合、子ども自身も苦しんでいるということです。

人は先の見通しが立たない状態だと不安になるので、親が原因や解決策をはっきりさせて解決してあげたいと思う気持ちも痛いほどわかります。

しかし、不登校はそんなに単純なものではないのです。

それに要因は、ひとつではなくて複数あることもあります。

対人緊張が強い、集団生活になじみにくいなど、やはりその子自身の気質が関係していることも多くあります。

長女の場合は不登校になったあとに発達障害と診断されましたが、発達障害の特性をふくめ、気質は人によってさまざまです。

原因がはっきりせず、解決策がわからなくても、ここでも、まずはお子さんの不安に寄り添って安心感を与えることが最優先ということを忘れないでください。

児童精神科医のつぶやき

不登校とひと言で言っても、その原因や状況、めざすゴールはさまざま

子どもの心の声 45

がんばれない私のこと、嫌いにならないで

「がんばる」ことの意味

わが子の不登校に悩んでいる親御さんは、こんなふうに言うことがあります。

「学校に行くぐらい、がんばってほしいんですよ」

その気持ちはわかります。

そして、そう言っているお母さんやお父さんにとって、このまま学校に行かなかったら、将来どうなってしまうのだろうと追いつめられる気持ちもわかります。

ただ、それを学校に行けない子どもの前で言うと、その子は「自分はがんばれない子なんだ」と認識します。

ただでさえ、不登校の子どもたちの中には、自分にはなにもできないという無力感や、親に迷惑をかけているという申し訳なさを感じていることが多く、親に「がんばっていない」と言われたら、その子の居場所はますますなくなってしまいます。

また、親から見ればがんばっていないように見えるかもしれませんが、その子はその子なりにがんばっているのかもしれません。

一例をあげると、わが家の長女も世間一般からは、がんばっていないように見えるのかもしれませんが、発達特性がある子どもにとっては、いわゆる「普通」に生きることが特性のない人より困難で大変なことだったりするのです。

ですから、生きているだけで十分がんばっているなぁと思うのです。

人はそれぞれちがうのですから、その人にとっての「普通」もちがうし、「がんばる」の意味もちがいます。「みんなちがって、みんないいんだよ」と思います。

条件付きではない愛情を

もちろん、親というのは子どもの成長がうれしいと思う生き物ですから、できるかぎり、わが子にがんばってほしい、成長してほしいと思う気持ちはわかります。

ただ、先述したように親の期待に応えるためにがんばるのは危険です。

親の期待に応えていれば「がんばっている」とほめられるけれども、親の期待に応えられなければ「がんばっていない」「もう少しがんばれるはず」と追いつめられる。

ずっとそんなことを続けていたら、子どもは罪悪感や息苦しさでいっぱいになってしまいます。

子どもががんばれないときにそのことを責めるのではなく、「がんばらなくてもいいんだよ」「がんばっていなくても、あなたは大切な存在だよ」と親が言ってあげられたら、子どもの気持ちはすっと楽になるのです。

私は、子ども自身がやりたいと思うことは、どんどんがんばればいいと思っています。

がんばることを否定するつもりはありませんし、子どもが自分からやりたいということがあれば、応援したいと思っています。

ただ子どもには、「がんばっていてすごいね。でも、がんばっていなくても、あなたは大切で愛おしい存在だよ」というメッセージを伝えています。

なにかをがんばっているから親から愛されるのではなく、子どもの存在そのものが親にとって大切なのだということを、子どもにたくさん伝えてください。

診察室に来る親子に、

「学校に行く、行かないで、あなたの価値は変わらない。学校に行けなくても、あなたは素晴らしい価値のある人間なんだよ」

こう言うと、静かに涙を流す親子がたくさんいます。子どももつらいけれど、親もつらかったんだなぁと思う瞬間です。

不登校で大切なのは子どもだけでなく親の支援もです。だれにも吐き出せずに、理由を探して必死にがんばっているお母さんがもしいらっしゃったら、こうお伝えしたいです。

「よくこれまでがんばってきましたね。お母さんもつらかった、苦しかった、ですよね。あなたの子育てがまちがっていたわけでも、あなたが悪いわけでもありません。わからないことはわからないままにしておいても大丈夫。お母さん自身の気持ちを吐き出せる時間をぜひつくってくださいね」

児童精神科医のつぶやき

がんばっていても、がんばれなくても、あなたの価値に変わりはないと伝えて

子どもの心の声 46

なんでもわかったように言わないで

「子どもの人生の答え」は子どもの中にある

あなたは、「自分の子どものことをすべてわかっている」と思っていますか？

ときどき、こんなふうに言うお母さんがいます。

「自分の子どものことは、全部わかってますから」
「私以上に、この子を理解している人はいません」

そう思えるくらい、お子さんと向き合い、一生懸命に子育てをされていることは、とても素晴らしいことだと思う反面、このように、わが子のことはすべて把握しているから、自分の知らない子どもの一面なんてないと思っているという考え方は危険だと思うのです。

なぜなら、子育ては正解がわからないことだらけだからです。

子どもの言動のひとつひとつに理由をつけたり、納得したいと思うのは、ときに大事なことであったりはするのですが、どうしてその言動をしたのかわからないということも大切なのです。

母も子も、それぞれ、別々の人格です。

相手のすべてを理解できるなんてことは、子どもよりも長年連れ添っているパートナーでも難しいように、子どものすべてを理解することなんて不可能なのです。

しかし、自分の子どものことはすべてわかっていると思っているお母さんは、子どもが理解できない行動をしたときに、不安を感じやすくなります。

わからないことはわからないままでもいいのです。全部把握しようとしすぎないようにしてください。

わからない ↓ 不安 ↓ パニック ↓ なんとかしなきゃ！

ではなく、

わからない ↓ 私の知らなかったことを子どもを通して経験させてもらっているんだな ↓ ありがたいなぁ

という視点が子育てには大切です。

ときに、その不安は不登校だとか、親から見ると問題行動だとか、さまざまな予想しなかったことかもしれません。

でも、いろいろな予期せぬことが起こるのが子育てです。

親と子は同じ人格ではないのですから、そのちがいを不安に思うのではなくて、新しい体験や新しい価値観の発見だと思って楽しむ視点を持ってください。

わからないからと、不安にならないで

親御さんの中には、「わが子のことがわからない」と必要以上に不安になっている方がいます。

診察室に来るお母さんにも、子どものことがわからないからと自分を責めている方もいます。

でも、先述したように、不登校の理由ひとつとっても、はっきりとはわからないことが多いのです。ひとつの理由だけではないことも多いですし、その子自身にもよくわからないのかもしれません。

まずは、お子さんを追及しすぎないこと。

そして、親御さんは「子どものことがわからない」ということに不安になりすぎないでください。

真面目な人ほど思いつめがちですが、たとえば不登校というのも、親が自分を責めても

解決できる問題ではありません。

子どものそばにいる親がいつも深刻な顔をして思いつめていると、子どもはますます苦しくなってしまうこともあります。

心療内科やメンタルクリニックなど、サポートしてくれる人や不登校をサポートする施設に頼るという手もありますから、お子さんを信じて、見守るのです。


もちろん、人間ですから、最初から不安になるな、と言っているわけではありません。でも、これまでの自分の価値観がすべて正しいと思い込まずに、「どうしてそうなっているんだろう?」「今、子どものことで不安になっているのだとしたら、それは自分のどういう価値観や考え方がそうさせているのだろう?」という視点で考えてみてください。


私自身も、娘の不登校に対して、最初からおおらかに受け入れられていたわけではありません。

「なんでうちの子だけ?」と不安に押しつぶされそうになった時期もありました。

母親なんだから、不登校の理由がわからないなんて恥ずかしい、母親失格なんじゃないか、ちゃんと子どもに向き合ってないって思われるんじゃないか、シングルマザーだからって思われていたら恥ずかしいなどという気持ちも当時はありました。

今振り返ると、娘は何ひとつ悪いことをしたわけでもないのに、娘に対してなんて失礼な思考だったのだろうと申し訳なかったなと思っています。

また、「精神科医のくせに、子ども1人を学校にも通わせられないのか」と思われているんじゃないかと不安になったことも。

ただ、精神科医であっても、人の心のすべてを見とおせるなんてことは、あるわけがないのです。

今でも、「不登校になった原因はこれだ!」という100%正しい答えを見つけられたわけではありません。

でも見つけなくてもいいと思っています。答え探しをするよりも大切なことがあると気づいたのです。

わからないことをわからないままにしておける、わからないことを不安になりすぎない、答えを探すことに必死になりすぎない、ということが子育てにおいては、ときに必要なスキルです。

子どもの人生の答えは子どもの中にあり、それは子ども自身が見つけていくものです。親はそれをそばで見守り支える存在、ということを忘れないでください。そばで見守り支える存在が、原因がわからないと言って、原因探しのために怖い顔をして必死になっていたら子どもはどう感じるでしょうか？

児童精神科医のつぶやき

わからないことをわかろうとしすぎない。詮索しない

子どもの心の声 47

私の人生の「正解」を決めないで

不登校の子も、8割が社会の中に居場所を見つける

現代は「少子化」と言われますが、不登校の子は毎年増え続けています。不登校は病気やケガ、経済的な理由以外の理由で年間30日以上欠席するということを指します。クリニックにも、「子どもが学校に行けない」と悩んでいるお母さんが多数いらっしゃいます。

「学校に行くのが当たり前」と思っている親にとって、学校に行かないことに大きな不安を感じるのは当然です。

先述したように、私も自分の子どもが不登校になって、将来どうなるのか不安がまったくないと言えば嘘になります。冷静に考えれば、学校に行っている子に比べて、社会で自立できない可能性もあるでしょう。

ですが、ある日突然、不登校になるわけではありません。

どの子も、最初は学校に行けたり行けなかったりする日が続いて、半年から1年ぐらいかけて不登校になるケースが多いです。

そして、実際には、不登校の子が全員そのまま引きこもりになるわけではありません。

文部科学省の調査によると、中学生のころに不登校だった生徒の約8割が、20歳の時点では進学や就労をしています（文部科学省による平成18年度不登校生徒に関する追跡調査報告書「不登校に関する実態調査」より）。

学校に行けなかった子の多くが社会の中で居場所を見つけているのです。

だからこそ思う、子どもが不登校になったとき、親にできること。

不登校になったからといって、親は必要以上に不安にならず、まず子どもの気持ちに寄り添うことです。

「正解」は子どもが自分でつくっていくもの

それに、今は不登校になっても、私の子ども時代にはなかった選択肢もあります。

私はクリニックにいらっしゃる方たちからいろいろ教えてもらうことも多いのですが、先日、不登校のお子さんがeスポーツ専門の高校に進学するという親御さんの話をうかがって、今はそんな選択肢もあるのかとワクワクしました。

プロゲーマーやプログラマー、ゲームアナリストなどのeスポーツ業界の人材を育てる学校ということで、ゲーム好きなお子さん本人だけでなく、ゲーム好きなお父さんも興味を持って一緒に学校見学に行ったそうです。

そんなふうに、自分の時代にはなかったけれども、新しくできた選択肢を親御さんが前向きに、子どもと一緒になって楽しみながら考えるという姿勢は、将来に対する漠然とした不安を感じている子どもにとって、どれほど安心につながることかと思います。

私は長女が学校に行けなくなったとき、「学校ってなんだろう」「仕事ってなんだろう」「教育ってなんだろう」「子育てってなんだろう」「母親ってなんだろう」などさまざまな視点で自問自答を繰り返しました。

さらに、自分自身の価値観を振り返り、あらためて、そのひとつひとつを見つめ直しました（これが先述した「自分自身に語りかける訓練」です）。

そうすると、子どもを自分の価値観にあてはめるのではなく、娘には娘の感性を大切にして、娘の価値観を育んでいってほしい、娘には真っ白なキャンバスを自分の色で染めて生きていってほしい、と思えるようになりました。

その結果、「この子が笑って生きているだけでいい」という結論にたどり着き、気持ちが楽になりました。

もちろん今でも、学校に行くことで得られる経験やメリットもたくさんあると考えています。

長女はオンラインスクールで勉強しているのですが、同年代の子とリアルで交流することがないので、それが今後どういう影響をおよぼすかという不安はゼロではありません。

ただ、なぜか自分でもあせりは感じていないのですよね。

今日も長女は学校に行っていませんが、私も娘たちも、毎日笑ってすごしています。

子どものできない部分も受け入れること。なにかができるから価値があるとか、できないから価値がないと決めつけないこと。

それが、私たちの精神衛生上もっとも必要なことだと、自分自身や来院する患者さん親子をとおしても強く感じています。


人生の「正解」はだれにもわかりません。


さきほどの不登校から進学や就労した8割に入らない子もいますし、わが家の長女がどうなるのか、親の私にも予想がつきません。

けれども、長女にとっては学校というものがしんどそうでしたから、今はこれが「正解」だと考えるようにしています。

なにより、これから一緒に「正解」と思えるような人生にしていきたいと思うのです。

私にも人生の正解はいまだにわかりません。

でも、わからなくてもいいと思っています。

ただ、死ぬ前に人生を振り返ったとき、「いい人生だったなぁ」と感じることができれば、正解なのではないかと。

児童精神科医のつぶやき

人生の「正解」はだれにもわからないから、「選んだ道」を正解にしていけばいいんです

子どもの心の声 48

お母さん、そばで笑ってて くれるだけでうれしいから

親の最大の役目とは

クリニックに来たある男の子のお母さんは、家事や子育てをしっかりやられている方でした。いわゆる、がんばり屋さんタイプです。でも、自分でもちゃんとやっているほうだと思うけれど、いつもなぜか不安だというのです。

そのお母さんは、自分は専業主婦だから家事や子育てをちゃんとやらなければいけないのに、子どもの面倒もしっかりみなければいけないのに、そうしないと自分には価値がないのに……と思い込んでいました。

ですが、ちゃんとやっていてもいなくても、お母さんがいてくれるだけで、子どもとい

うのは安心するものです。

いいお母さんじゃないとダメ、なんて思わなくていいのです。

診察室で多くの親子と接していると、子どもになにかしてあげるのが母親として当然と思っているお母さんが多いことを実感します。

「お母さんなんだから、しっかりやらなきゃ」「お母さんだから、なんかしてあげなきゃ」と、なんだか気があせっています。

でも、そんな方たちに私はよくこう話しています。

「お母さん、そんなにあせらなくていいんですよ。ただそばでおだやかに笑っていてくださるだけで、お子さんは安心すると思いますよ」

中には1、2時間もの長い時間をかけてロールキャベツをつくったのに、家族のだれからも喜ばれず、「私はなんのために生きているんだろう……」と悲しくなってしまったと話すお母さんもいました。

そのお母さんの気持ちもわかります。せっかく手の込んだ料理をつくったのに、だれからも認められなかったら悲しい気持ちになるでしょう。

でも、「いいお母さん」を意識して、時間に追われて精神的に余裕がなくなったり、家族の反応が期待どおりではなく、悲しい気持ちですごしたりするくらいなら、手抜き料理でもいいから、家族で楽しく食べるほうが子どもは安心するはずです。

お惣菜《そうざい》やハンバーガーなどを買ってきて、「たまにはこんなのもいいよね」と笑い合うのもいいでしょう。

栄養価の高いバランスのとれた食事をつくり、いい教育はなにかと考える「いいお母さん」は、子どもにもちゃんと育ってもらわなければ、と厳しくなりがちです。

「いいお母さんになれない」と眉間《みけん》にしわを寄せて不安そうにしているお母さんと、楽しそうに鼻歌を歌いながら、手抜きをしながら、無理せず家事をしているお母さん。どちらの家庭が、子どもにとって安心できる場所になるでしょう?

子どもの問題は、子どもだけの問題ではない

もし子どもが問題を抱えて困っていたら、子どもの話をよく聞く必要もありますが、親自身が変わることも大事です。

子どもを無理やりクリニックに連れて来たあるお母さんは、自分にはなにも問題はないとおっしゃっていました。

診察室でじっくり話を聞いているうち、その方が固く信じていた「いいお母さんでなければならない」という信念が少しずつほどけてきました。

すると、お母さん自身の不安が減ってきて、お子さんへの接し方も変わってきました。

そしてお母さんが精神的に楽になっていくと同時に、お子さんに出ていた問題も少しずつよくなっていったのです。

子どもの問題というのは、子どもだけの問題ではありません。親自身が安心すれば、子どもも変わっていきます。親自身のとらえ方や子どもへの接し方が変わることで、明るい方向へ変わっていくことも多いのです。

児童精神科医のつぶやき

「いいお母さん」をめざしてがんばりすぎないで

子どもの心の声 49

毎日やらなければいけないことがいっぱいあってつらいよ

子どもが大きくなるほど、いろんな願望が生まれてくる

考えてみれば、親というのは少し身勝手なところがありますよね。

子どもが生まれる前は「元気に生まれてきてくれれば、それで十分」なんて言っていたのに、子どもが無事に生まれて育つうち、元気でいるだけでは満足できなくなって、いろいろなことを子どもに求めるようになります。

お行儀よくしなさい。部屋をきれいにしなさい。勉強しなさい。お友だちに優しくしなさい。ピアノをがんばりなさい……。

「この子はもっとよくなるはずだ」という親の願望から、勉強面でも運動面でも生活面で

も、子どもに多くのことを求めるようになります。

もちろん、わが子の成長を願うのは親として当然のことです。

ただ、その思いが強くなりすぎると、いつの間にか、重いプレッシャーとして子どもを苦しめてしまいます。


でも、思い出してみてほしいのです。

子どもが赤ちゃんだったころの、よく私たちのもとに生まれてきてくれたという喜びを。

ただ無事で、そこにいてくれるだけでありがたいという気持ちを。

親がときどきでもいいから、そういう気持ちを思い出したら、もう少し肩の力が抜けて、わが子の存在そのものを愛することができるのかもしれないと思うのです。

「よく生きてきましたね。ありがとう」

教育虐待と言えるほど厳しい家庭で育ち、長い間リストカットを繰り返してきた20代の女性がはじめて診察室に来たときのことです。

私が「そんな苦しみを抱えて、よくここまでがんばって生きてきましたね。今日、ここに来てくれてありがとう」と言ったら、その子は「先生に出会って、これまで生きてきた暗闇の人生に光が見えた」と涙を流しました。

自分の存在が認められたことで、その子は光を感じたようです。

精神科医になってよかったと心から感じたと同時に、やはり親は子どもの存在そのものを認めてあげることが大切だとあらためて思いました。

そして、もしも家族にそれが難しければ、子どもが安心していられる場所、その人の存在そのものが受け入れられる場所として、クリニックを利用してもらいたいと思っています。

児童精神科医のつぶやき

その子が生まれてきてくれた喜びを思い出して

子どもの心の声 50

ねえ、人生って楽しいの？

子どもに伝えてほしいのは「人生の素晴らしさ」

親ができるもっとも大切なこととして、子どもに「人生の素晴らしさ」を教えてほしいと思っています。

私の母は、よく「いい大学に行かないと、人からバカにされる」「勉強しないと、人生とんでもないことになるよ」などと言っていました。

子どもの私はそれを聞いて、世の中の人はみんなそう思っているんだ、人生って大変なんだなぁ、大人になるのはいやだなぁと思っていました。

でも、大人になった私は今、こう思っています。

母はあんなふうに言っていたけれど、この世界には愛も優しさもたくさんあるし、人生は素晴らしい。そもそも、それを教えてくれたのは母自身じゃないか、と。

もともと私の両親は愛情の深い人たちでした。

こと教育に関しては厳しい母だったけれど、根底には家族に対する深い愛情があり、成績や点数のこと以外はなんでも言い合える家族でした。

私自身、人生をこじらせていた時期はあったけれど、ひねくれることもなく、素直で人好きのする性格に成長できたのは、まぎれもなく両親のおかげだと思っています。


勉強をしなければ人生がダメになるわけでもないし、学校に行かなければ人生が終わるわけでもありません。

子ども時代にはいろいろなことを経験して、失敗しながら、少しずつ成長していけばいいのです。

生きているだけで花丸です。

ぜひ、お母さんはそれをお子さんに伝えてあげてほしいと思います。

子どもの存在そのものがなによりも大切だということ、この世界は愛と優しさにあふれているということ、人生は素晴らしいということを、子どもたちに伝えてほしいのです。
そして、そばにいるだけで子どもは安心するのだということを忘れないでください。

児童精神科医
のつぶやき

なにかを与えられなくても大丈夫！
お母さんがそばで笑っていることが一番です

おわりに

まずは、ここまで読んでくださってありがとうございます。

じつは私は、国語が大の苦手で、本を書くなんて一生ありえないと思っていました。でも、人生とはわからないものですね。

ある尊敬する方の出版記念パーティーに参加したとき、ふと「私も本を書きたい」と思ってしまったのです。

やりたいと思ったことはなんでもやりたい計画性のない無謀な性格で、本を書こうと可能性を探って動き回っていたら、ご縁があって本を出す機会をいただきました。

YouTubeやインスタグラムなどのＳＮＳで「発達障害」について発信をしている私は当然、「発達障害」の本を書くことを世の中からは求められていたのかもしれません。

でもあえて、「発達障害」の本ではなく、「親子関係」、とくに「母子関係」の本を書きたいと思ったのは、まぎれもなく、自分自身がその関係にもがき苦しみ、消えたいと思った過去があったからです。

それでも、なんとか必死で生きてきて、40歳を迎えた今、ようやく私という人生の山を登りはじめることができたと感じています。

そう思えるようになったのは、これまで出会ったすべての方のおかげです。

「生きる」とは、という漠然とした問いを持ちはじめたのは小学校の高学年のころだったように記憶しています。

そして、その問いの答えはいまだにわかりませんし、わからなくてもいいと今は思っています。

わからないことにあせることがなくなりました。生きている理由などなくてもいいというのが近いかもしれません。

クリニックには日々、生きることがつらいと涙を流される患者さんが来てくれます。

精神科医として私よりも優秀な医師というのは山ほどいらっしゃいます。その中で、「患者さんが、なぜ私の外来を選んで長く通ってくださっているのかな」と考えたときに、それは私の人間くさい、完ぺきでない部分に心地よさを感じてくれているからなのかなと思っています。

正しい診療をすることはもちろん大切なことなのですが、正しさってときに苦しいよね、正しく生きられないこともあるよね、人間だもん、と思いながら生きている私だから癒せるものがあるんじゃないかと思っています。

こんな医者頼りないし、みてもらいたくないと思う患者さんもいらっしゃるでしょう。当然です。人と人は相性なのです。

だから、私をいいと思ってくれる人、あなたのことをいいと思ってくれる人、心地よいと思ってくれる人、その方たちを大切に生きていくことをおすすめします。

そして、自分と相性の合わない方は、ほかのだれかと相性の合う方なのです。その方々と、幸せに生きていってもらいたいと本気で願っています。

YouTubeをやっていますが、アンチコメントは今でも苦手です。ぜひアンチコメントは心にとどめていただき、嫌いな人に時間を使うのではなく、あなたが一緒にいて心地いいと感じる方にあなたの大切な時間を使ってください。

そして、母へ。私がこの本を書きたいと言ったとき、あなたは苦しかったと思います。

つらかったと思います。

実際、「こういう内容の本なの」と伝えたとき、あなたは涙を流しましたね。つらい思いをさせてしまって本当にごめんね。

でも、あなたを悲しませたかったわけでも、あなたに謝ってもらいたいわけでも、反省してもらいたいわけでもありません。

私はあなたの子どもに生まれて、苦しいときもあったけれど、本当によかったと思っています。

ただ、私の子ども時代のように、生きることが苦しいと感じている子どもたち、そしてその苦しさを抱えたまま大人になった方がたくさんいるのです。

私は精神科医となり、日々患者さんや自分自身と向き合うなかで、かなり回復してこれた（と思っている）のですが、患者さんの中には、今もなおもがき苦しみ、自死する方もいるのです。

そんな方の希望の光になるような、そんなふうに生きることが苦しいと思わないで生きられる子どもを増やしたくて本を書きたかったのです。わがままな末っ子の、この本を世に出したいという願いを受け入れてくれてありがとう。

私が離婚を決意した30代前半のころ、1人で子どもを育てていく覚悟が持てずに、大学時代の親友に電話をしました。

「離婚することになりそうなんだけど、子どもたちを片親で育てることに罪悪感と不安があるんだよね……」と私が言うと、親友はこう言いました。

「は？　なに弱気になっとんねん。さわの子が変な子になるわけないやん。さわはさわのままでええんや。片親だろうが両親ともいようが関係ない」って言ってくれたのです。

自分で言うのも恥ずかしいのですが、学生時代から典型的な愛されキャラで、たくさんの方にかわいがってもらい、たくさんの愛を受け取ってきました。「さわちゃんみたいになりたい」と学生時代、何人かの友人に言われました。

そんな愛を与えてもらえる私に育ててくれたのは、母親の深い愛情のおかげだと思っていますし、そんな愛を与えられた自分だから、たくさんの生きることが苦しいと感じている方に愛を与えて生きていきたいと思っています。精神科医が天職だと思っているのです。

「発達障害」の本ではなく、「母子関係」の本を書くことを最初から全力で応援してくださった日本実業出版社の編集長・川上聡さん。本の内容について、1人のお母さんとしても制作にお力添えくださった真田晴美さん。おふたりとも、いつもおだやかに優しい眼差しで見守ってくださり、私を安心感で包んでくださいました。

また、この本をつくる過程では、自分の人生を振り返り、言語化することでたくさんの気づきを得ました。本づくりを何も知らない私に、本をつくる素晴らしさを教えてくださったブックオリティの高橋朋宏さん、平城好誠さん、スタッフのみなさん、無名の私にこのようなチャンスをくださり本当にありがとうございました。

最後に、この本によって、子どもにとって安心できる存在となるお母さんが増え、「明日を生きたい」と思う子どもが増えることを願っています。

精神科医さわ（せいしんかい　さわ）
児童精神科医。精神保健指定医、精神科専門医、公認心理師。1984年三重県生まれ。開業医の家庭に生まれ、薬剤師の母親の英才教育のもと、医学部を目指す。偏差値のピークは小学4年生。中高時代は南山中学校高校女子部で落ちこぼれ、1浪の末に医学部へ。藤田医科大学医学部を卒業後、精神科の勤務医として、アルコール依存症をはじめ多くの患者と向き合う。母としては、発達特性のある子どもの育児に苦労しながらも、シングルマザーとして2人の娘を育てている。長女が不登校となり、発達障害と診断されたことで「自分と同じような子どもの発達特性や不登校に悩む親御さんの支えになりたい」と勤務していた精神病院を辞め、名古屋市に「塩釜口こころクリニック」を開業。老若男女、さまざまな年代の患者さんが訪れる。クリニックを受診した患者さんのお母さんたちからは、「悩みが解決し、まず自分が安心すればいいんだと思いはじめてから、おだやかにすごせるようになった」「同じ母親である先生の言葉がとても心強く、日々のSNS発信にも救われている」と言われている。「先生に会うと安心する」「生きる勇気をもらえた」と診察室で涙を流す患者さんも。開業直後から予約が殺到し、現在も毎月約400人の親子の診察を行っている。これまで延べ3万人以上の診察に携わっている。2023年11月医療法人霜月之会理事長となる。

塩釜口こころクリニック　https://shiogamakokoro.com

子《こ》どもが本当《ほんとう》に思《おも》っていること

2024年4月20日　初版発行
2024年12月10日　第8刷発行

著　者　精神科医さわ ©Seishinkai Sawa 2024
発行者　杉本淳一

発行所　株式会社 日本実業出版社　東京都新宿区市谷本村町3-29　〒162-0845
編集部　☎03-3268-5651
営業部　☎03-3268-5161　振　替　00170-1-25349
https://www.njg.co.jp/

印刷・製本／新日本印刷

ISBN 978-4-534-06095-2　Printed in JAPAN

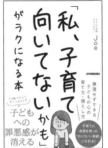

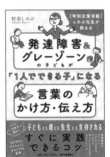

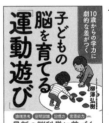